U0710688

中华先贤人物故事汇

郭守敬

宁 雨 著

中华书局

图书在版编目(CIP)数据

郭守敬/宁雨著. —北京:中华书局,2020.9
(中华先贤人物故事汇)
ISBN 978-7-101-14406-2

Ⅰ.郭… Ⅱ.宁… Ⅲ.郭守敬(1231~1316)-生平事迹
Ⅳ.K826.1

中国版本图书馆 CIP 数据核字(2020)第 028066 号

书　　名	郭守敬	
著　　者	宁　雨	
丛 书 名	中华先贤人物故事汇	
责任编辑	李洪超　董邦冠	
出版发行	中华书局	
	(北京市丰台区太平桥西里 38 号　100073)	
	http://www.zhbc.com.cn	
	E-mail:zhbc@zhbc.com.cn	
印　　刷	北京瑞古冠中印刷厂	
版　　次	2020 年 9 月北京第 1 版	
	2020 年 9 月北京第 1 次印刷	
规　　格	开本/787×1092 毫米　1/32	
	印张 4½　插页 2　字数 50 千字	
印　　数	1-10000 册	
国际书号	ISBN 978-7-101-14406-2	
定　　价	20.00 元	

出版说明

孔子周游列国，创立儒家学说；张骞出使西域，开辟丝绸之路；书圣王羲之，留下了曲水流觞的佳话；诗仙李白，写下了"举头望明月，低头思故乡"的名篇；王安石为纠正时弊，推行变法；李时珍广集博采，躬亲实践，编撰医药学名著《本草纲目》……

这些杰出的历史人物，有的是在中华民族文明进程中做出过突出贡献、对后世产生过巨大影响的思想家、政治家，有的是对中华优秀传统文化的传承传播发挥过重大作用的文学家、艺术家、科学家，有的是为国家安定统一、民族融合团结和中外文化交流做出过杰出贡献的军事家、外交家……他们为中华民族的繁荣发展做出了伟大的贡献，他们的行为事迹、风范品格为当世楷模，并垂范后世。

　　他们是中华民族的先贤人物。他们的思想、品德、事迹，是中华优秀传统文化的结晶。他们的故事，是对中华民族的禀赋、特点和气质最生动、最鲜活的阐释。他们的名字，在五千年中华文明史上最为光彩夺目。他们为五千年中华文明史书写了最为光辉灿烂的篇章。

　　为了解先贤，走近先贤，我们精心组织编写了这套《中华先贤人物故事汇》丛书。以详实可靠的史料为依据，以细腻动人的故事为载体，真实地呈现中华先贤人物的事迹、品格和精神风貌，彰显他们的贡献和功绩，以激发人们对国家民族的热爱，对中华文明、中华优秀传统文化的崇敬。

　　开卷有益，期待这套丛书成为你的良师益友。

目 录

导　读

　　郭守敬出生于1231年，字若思，邢州邢台县（今河北邢台市）郭村人。禀赋卓异，讷言敏学。

　　邢州位于华北南部，自1217年为蒙古军队占领，一二十年间，在金、蒙古和南宋之间接连易手，战乱不断。及至郭守敬青年时代，忽必烈推进"邢州大治"，和平的曙光缓缓降临。中原大地百废待兴，忽必烈不拘一格选贤任能。历经紫金书院的学习，郭守敬结交了一群热衷实学、志同道合的师友，也奠定了他在水利、天文诸学科研究的基础。

　　他自郭村的鸳水河进行河流考察，遍及华北

广大地区。扎实的专项考察，使他对于中国北方的水利工程、农田灌溉、水路交通胸有成竹。1262年，郭守敬北上上都开平（位于今内蒙古自治区锡林郭勒盟），向刚刚登上大位的忽必烈提出六项水利建议。从此，他的一生再也没有离开过"水"。西夏治水，修复引黄灌渠八十条，灌田九万余顷；实现永定河引水和白浮泉引水，解决了元大都（今北京）城市发展和综合供水的需要，奠定了北京城市供水的历史格局；开通惠河，成为实现京杭大运河全线通航的第一人。

水利之外，郭守敬还精于天文和仪象。他改进并创制了简仪、高表、候极仪、浑天象、景符、窥几等一批处于世界先进水平的仪表，提议并亲自开展中国历史上最大规模的天文测量。他和王恂等一起花费三年半时间，编修了代表当时世界天文学研究最高水准的《授时历》，继承古术而"改正七事、创法五端"，使各年闰月和二十四节气准确安排，日食、月食的日期、时刻与见食情况得到准确推算。郭守敬还制作过"宝山漏""大明殿灯漏""七宝灯漏"等计时器。"宝山漏"使用广泛，让百姓生活生产有时可据。

斗转星移，光阴永续。2012年，世界上第一台大视场兼大口径光学天文望远镜在中国科学院国家天文台兴隆观测基地建成，这就是我国自主创新研制的天文大科学装置——郭守敬巡天望远镜。如果他还活着，这一年他781岁。

中华上下数千年，天文历法家和水利学家可谓群星璀璨。但在两大领域同样取得杰出成就者并不多见。郭守敬参与编修的《授时历》，在中国天文历法中的崇高地位，被中外学者所公认。他在科学技术上创造了许多个"世界第一"，成为13世纪中国和世界上最杰出的科学家之一。

莲花漏图纸

这天晌午，小守敬跟着爷爷郭荣到村外巡河。

庄稼，荒地，矮林，坟茔，他一边走，一边留意着河堤周围物事、地形的变化，心里寻思着爷爷常念叨的那句谚语，不知不觉就说出了声儿，"大旱不过六月二十四"。

郭荣趁机问道："你可记得去年六月二十四是何天气？"

"去年也下雨了。下得小，牛毛细雨，飘到村外的鸳水河里，连点声息都没有。"郭守敬轻声说。

"那你以为，这谚语有什么道理？"

"那天邻居婶婶说，六月二十四，是关公向

龙王爷借雨磨刀的日子。我想过，六月二十四，已经交大暑。大暑时节，就爱下雨。若天天下雨，难道关公天天借雨磨刀？但我观察，多数的谚语都很灵验呢。"

守敬九岁光景，但他很知道用心，爷爷教过的课、说过的话，总是反复揣摩。实在搞不明白的地方，才重新请教爷爷。也是真巧，郭村这一带，连续两年六月二十四都有雨。今年，入伏之后久晴无雨。到了农历六月二十四这天，头晌太阳还毒花花地照着，黄昏时分，狂风卷着大块黑云而来，顿时暴雨如柱。

雨后，河水暴涨。守敬在爷爷带领下每天在村北村南顺着鸳水河巡查。一来，排查险情；二来，实际了解地形、水流知识。

郭村地势东北高，西南低。白白守着一条河，灌溉却成问题。为此，郭荣年轻时曾导引河水顺势西流，附近千亩旱地变水田。父老们对他又敬佩又感激，尊其"鸳水翁"。

祖孙俩顺着河堤走走停停，心思全在一个"水"字上。

忽然，嘚嘚嘚的马蹄声由远而近。守敬愣了一下神儿，而后迅速抻（chēn）着爷爷的衣袖闪进了路旁的庄稼地。

"听闻马蹄声，不是来匪就是过兵。"这郭村所在的邢州地界，几十年来兵荒马乱已经成为常态。

13世纪初叶，金、蒙古和南宋之间战事不断。邢州为北上南下咽喉要冲，兵家必争之地，1220年被蒙古军队占领。郭守敬出生时，邢州已经属于蒙古国治下。

蒙古贵族惯于马上征战所占之地，杀人夺财，征敛苛刻，老百姓日子过不下去，只好放弃土地和家园，四处逃难。邢州城里，十户人家逃走的有七八户。郭村的乡亲，也有一半背井离乡。

老郭家祖上为名门望族，到郭荣这一辈，家道中落。他会观天，能治水，通音律，懂术数。金人统辖时，地方官多次邀请他出山，都被他婉言拒绝。作为一个汉族知识分子，他内心充满苦恼、彷徨。遭遇儿子、媳妇早逝的打击，郭荣整个人更加枯萎。若不是要养育孙儿守敬，死的心都有了。

幼小的守敬，很能体谅爷爷。他从不贪玩淘气，只要手边有书就行。郭家有一套南朝画家张僧繇（yáo）绘制的《山海经图》，郭荣干脆拿给他当小画书来玩。守敬才三四岁，书里的荒山大川奇兽神鸟海怪已能一一指认。七八岁上，他对古代地图着了迷。《禹贡图》《舆地图》《十道图》，这些中国古代的著名地图，郭荣都一一找来，带着他研究。

郭荣还教守敬学观星。五岁那年，守敬已经会识辨几十颗大星。到八岁，学会了描绘简单的星图。郭家后院有个高高的土台，每年春天，他都跟爷爷一起到村子外边挖来新土，对台子进行维护。这个土台，也是祖上留下的简易观星台。入夜，在高高的土台上眺望星空，观察星星位置的变化，是小守敬最快乐的事。

郭守敬性情内向，跟同龄的村童在一起，他显得又木讷，又笨拙。人家找他玩撞拐，他没有兴趣；找他玩丢沙包，他又不懂规则。时间

入夜，在高高的土台上眺望星空，观察星星位置的变化，是小守敬最快乐的事。

一长，人们就悄悄议论，老郭家的孙子好像有点傻。

只有郭荣最了解自己的孙子，他认定守敬禀赋卓异，聪明好学，将来应成大器。夜深人静，他常常在油灯下端详着可爱的小守敬：这么好的孩子，不该跟自己一样，窝窝囊囊过一辈子。

郭荣没有带守敬离开郭村去逃难，一个重要原因在于这里有不少朋友。这些人，除了跟他一样喜欢谈古论今的乡间儒生，还有附近寺院的僧人，比如邢州城里天宁寺虚照禅师和他的弟子子聪。有时，郭荣带着守敬外出访友。逢雨雪天气，也时有客人到郭宅烹茶闲话。在郭荣看来，这也是守敬学有所进的一种方式。

守敬言语虽不多，但在人前恭谨有礼，烧水续茶，诸事妥帖。郭荣的朋友们都爱惜这个讷言好学的少年，谈论学问，评点时局，自不避讳。在这些人中间，守敬最尊重虚照禅师，禅师也非常喜欢守敬。

说起来，虚照禅师与郭荣初次见面，还是靠了老郭家的土筑观星台指引。禅师要修复天宁寺建于大唐初年的水殿"华池兰若"，需了解水利之事，有人给他引荐了郭荣，告知"出邢州城西北三十里，郭村村北有高大土台的，便是鸳水翁的宅邸"。两人观星台一晤，竟如多年老友，天文地理、经世济国的学问无所不谈，从此常相往来。

可惜，重修天宁寺的工程刚刚开始，邢州就遭遇大旱。上一年初冬，禅师带着弟子子聪到山西云中（今大同）一带云游、化缘，一去半年多光景。

守敬和爷爷躲藏在庄稼地，马蹄声由远而近，越来越清晰。骑马人从河湾那边转过来，却只有一人。守敬眼尖，远远的，他便认出来，马上的灰袍僧人，正是虚照禅师。

禅师归来，守敬和郭荣乍惊乍喜。不见他的弟子子聪和尚同来，守敬有点小小失落。

郭荣和禅师寒暄已毕，守敬上前施礼，打问子聪情形。

"呵呵，年轻人还是跟年轻人的心近呢。"禅师亲热地拍拍守敬肩膀，故意打趣。

"此次山西之行，子聪留在了云中南堂寺。

南堂寺是名刹，子聪在那里读书讲学，视野大开。"虚照禅师以弟子前途为重，当即同意了子聪游学的请求。

这子聪和尚，俗姓刘，名侃，字仲悔邢州东静安村人，原籍辽州。子聪自幼颖悟过人，十七岁便到邢州节度使府中任令史，负责抄录公文。虚照禅师到邢州之后，广纳良才，他听说刘侃是个有大志向的人，就说服其在天宁寺落发，掌书记之职。

郭荣带守敬到天宁寺访问时，子聪二十出头，眉宇间透着一股英气，谈吐不俗。郭荣与子聪谈论学问，竟成忘年之交。少年守敬，更是仰慕他的放达不拘。子聪和尚，将是守敬未来紫金书院求学的授业恩师，他的学术精神，影响郭守敬的一生。此是后话。

郭荣与虚照禅师久别重逢，免不得在西风晚照中登上观星土台一叙。

禅师叹道："这次行走于邢州和云中之间，千里之野，一派荒芜，百里之村，尽无人烟。"

郭荣接过话头："几十年间，邢州这个地方也没有一个晚上可以睡踏实觉呀！"

"蒙古人只懂得马上打天下，却不知道马上不能够安天下。"

"三年前，这里成了孛鲁带、启昔礼的食邑之后，横征暴敛，老百姓都活不下去了。"

激动处，两人不由黯然。

守敬在旁侍茶，见爷爷和禅师如此难过，忽然开口道："您二老甭着急，我就不信，这世道一个好官都不出。"声音不高，却像从胸腔喷薄而出，在两个老者听来，有如金石相击。

禅师猛抬眼打量眼前的少年：高挑而单薄的小身体，似乎蕴藏着惊人的能量。

郭荣也疼爱地看向孙儿。在守敬的目光中，他慢慢恢复了平日里的淡然。

"大乱之后，必有大治。"禅师悠悠地说道。

守敬睡下之后，郭荣和虚照法师重置茶盏，趁夜叙谈良久。

临别，禅师从囊中取出一张纸，交到郭荣手上。

他说："这是送给守敬的一份礼物。"

郭荣在月色中展开，竟是北宋科学家燕肃发

明的莲花漏石本拓片！

真是意外之喜。

郭荣曾无意中跟守敬谈到过莲花漏。这是一种计算时间的工具，设计极为精巧，因为各个部件都做成莲花形状，所以叫做莲花漏。没想到孙儿非常上心，多少次请求带他寻找图纸。可惜，其制作方法早已失传。在邢州，想找到当年的石刻也是枉然。

禅师居然带回了拓片。他嘱托郭荣，拓片一定要藏好，待守敬再长大一些才能拿给他看。现下，孩子只需安心修习，打好根基。说完，飘然上马，趁长夜向着邢州城的方向打马而去。

紫金书院

　　刚交子时，守敬就醒了。梳洗完毕，他跪别祖父郭荣，即刻出发。这天，他要去紫金书院，师从子聪和尚（至元元年，即1264年，忽必烈下诏复其刘姓，易名秉忠）。这既是祖父的安排，更是守敬盼望已久的事情。

　　跟每次出门一样，他预备了一些纸，还有测量河流用的绳子、木棍，绳子和木棍，都标注了刻度数值。当然，自制的观星窥管也随时挂在身上，就如同古代君子的佩剑。另外，他还带了竹签、木料、刻刀、铁丝等材料，打算闲暇时间再仿制一遍莲花漏和浑天仪。

　　天空晴朗，繁星如瀑。郭守敬几乎一路小

跑。他内心格外舒展、自由，一路上不曾有过一丝的疲惫。

当夕阳烧红了书院附近高高低低的山尖，也把书院建筑涂抹了一层热烈的光影。郭守敬终于赶到目的地。

这紫金书院，距邢州西南一百四十多里，山深林茂，秀丽清幽，确实是一处做学问的好地方。

守敬到来，原本安静的小院即刻骚动起来。因为，出现在大家眼前的这个人，腰佩窥管，行囊如山，那般与众不同。王恂热情地跑过来，替郭守敬卸下沉重的行李。子聪和尚和他的学友张文谦也先后从房里出来。大礼见过子聪和张文谦之后，守敬又与各位学子一一见礼。

金元之际，北方民间盛行讲学之风。子聪和尚效力于忽必烈幕府，四处延揽贤才。三年前他的父亲过世，回邢州守孝期间，便着手创办紫金书院。现在，已聚集不少青年才俊。张文谦跟子聪是幼年同窗，在忽必烈幕府做事，此时，又回到家乡协助子聪，同时在书院进修一些实用之学。协理书院，又跟大家一起研究学习的，还有子聪的弟弟刘秉恕。

依守敬的学习程度，郭荣早已无力指导。在天文、算数方面，比郭荣更精进的虚照法师，也经常被鸳水翁的宝贝孙子追问得哑口无言。两位老人家正发愁在哪里给守敬找个更好的老师，恰在这时，子聪回到邢州。

子聪自己，由儒而道，由道而佛，最后儒释道阴阳农医艺相互打通。这个过程，有师亦无师。所以，他主张人人是老师，人人是学生。

在书院，子聪亲自教授《诗经》《尚书》《易经》以及天文、术数，讲解天下大势，张文谦主讲儒学、地理、算数，还讲些基本的文书簿册知识。最让郭守敬喜欢的是，每十天，子聪都要拟出几个题目进行讨论。众人海阔天空，畅所欲言，不用忌惮师生之界限，唯道唯学而已。

因材施教，是紫金书院的重要特点。随着天才少年王恂、郭守敬的加入，子聪和尚新增了观星和四六则演算的研习，让学子们自由选择。子聪让郭守敬指导，教王恂、秉恕等几个人学会了制作窥管。郭守敬的观星小组还在紫金山的山顶劈出一块空地，垒土为台，用于观星。一台新的竹篾浑仪，安置在土台上。只一两个月时间，观星小组就找到好几颗大星。同时，郭守敬、王恂、张文谦、张易的天文历算水平也有了非常大的长进。

守敬比王恂大几岁，在学子中年龄最接近，兴趣也接近，张文谦就安排他们俩做室友。原本王恂是个内心骄傲的少年，他发现郭守敬的天文、水利之学都高于自己，并且刻苦、谦逊，竟也产生几分佩服之情。

这天，郭守敬在观星台待到很晚才下山。这时候，大家伙儿都该睡下了。他轻手轻脚地走进院子，发现只有老师子聪和尚的房间里还亮着灯。老师好像在伏案写着什么。

他想去打个招呼，又怕打扰老师思考问题。正犹豫间，子聪却开了门，轻轻喊他。

"守敬啊，最近见你神思不定，有什么困惑吗？"子聪开门见山，让郭守敬又吃惊又喜悦。原来他的心事早被老师发现了。

“老师，我近来重新研究那莲花漏拓片，发现一片空白的地方应该有内容，但不知什么原因没拓上。这样，就很难复原莲花漏的原貌了。”

“莲花漏，你不是前两年就仿制成功了？”

“我仿制的那件，是比葫芦画瓢。只能说可以用，但不精不准。我想彻底弄明白其中的道理，创制一件准确好用的莲花漏。”

得知郭守敬的志向，子聪非常欣慰。他安慰道：“守敬，这事不必急于一天两天。不如你再多读读古人关于刻漏的记载。我记得《周礼》《梦溪笔谈》，都有谈及。我这里的书，你可以拿去读。或者，干脆休息几天，到山中去走走，反而对你有所裨益。”

老师的一番温言细语，让守敬放松了很多。他感激地看着老师，孩子似的笑了。一身旧僧袍的子聪，却掩不住骨子里的儒雅俊逸、潇洒不拘，让守敬又敬佩又羡慕。

这么多天，他还是第一次来老师的房里呢。不大的屋子，除了一张床、一条桌案，最招眼的就是书，多，却摆放有序。靠着床的墙上，挂着一张琴。早就听爷爷郭荣称赞，子聪和尚学问好，多才多艺，作诗填词也是高手。

在子聪引导下，郭守敬在众多弟子中崭露出卓越的动脑、动手能力。加上张文谦、张易、王恂、刘秉恕，自然形成一个更紧密的学习研究群体，子聪不失时机地给他们吃偏饭，探讨些更深奥的问题。刘秉忠（子聪和尚），加上张文谦、张易、王恂、郭守敬，后被称为"紫金书院五杰"。

书院右边，有片坡地，生满荆棘和杂草。学子们打草烧荒，围堰整平，竟一点点造出来一片像模像样的梯田。张文谦给它起了一个名字，紫金园。园子每年种些耐旱的菜蔬，像北瓜、南瓜、眉豆、莙荙（jūn dá）、大葱之类，一到夏天，雾腾腾一派翠色，既好看，还能解决书院大部分的吃菜问题。

守敬和王恂两个人，格外喜欢这紫金园。受郭守敬影响，王恂也爱上观察蜜蜂、蝴蝶、蚂蚁、蚯蚓这些动物。小小菜园，正好是跟小生灵们交流的地方。

这天傍晚，两个人为子聪老师新引种来的一种蔬菜产生争执。

这天傍晚，两个人为子聪老师新引种来的一种蔬菜产生争执。守敬说，是萝卜。王恂说，像萝卜，但绝对不是。正巧，子聪下山办事回来，见两个年轻人蹲在菜地里嘀嘀咕咕，就顺势走了过来。

子聪告诉他们，这是蔓菁，也叫芜菁。《诗经》里的诗句"采葑（fēng）采菲，无以下体"，葑指蔓菁，菲是萝卜。蔓菁和萝卜，都是十字花科植物。但在这紫金山里，蔓菁能越冬，萝卜不可。

《诗经》里的这首诗，郭守敬和王恂都熟悉。可面对眼前水灵灵的蔓菁，两个人却都没能跟学过的知识联系在一起。子聪一提醒，他们都有些不好意思。

子聪拍拍他们的肩膀，哈哈笑着说："蔓菁和萝卜，就如同你们二人。性情不同，却都是好学生。这两种蔬菜，不但能吃，还能治病。我引种的品种，是西域朋友所赠，当地叫恰玛古，据说药性比咱们邢州的厉害。到底能不能种成，等秋后看！"

"邢州水土好。这恰玛古，一定能成。"王恂说。

"可惜，这些年兵荒马乱的，那么多好地都荒着。要是到处都像咱们紫金园开垦得这么好，就好了。"守敬忽然叹息。

"会改变的。"子聪蹲下身子，一边查看蔓菁的长势，一边慢悠悠地说，"蒙古人以马上取天下，不可以马上治天下。赋敛繁重、民不聊生的状况，不能长久下去。我已经建言总理漠南事务的忽必烈将军，在邢州试验新政，让百姓归于农桑，经营产业。这才是对国家最大的好处。"

"先生所言甚是。这邢州治理，是不是该效法周公？"不知什么时候，张易和张文谦也来到紫金园。并州（今山西太原）口音的张易，一开口总是高声大嗓。

"昔时，武王为兄，周公为弟。周公思天下善事，夜以继日，每得一事，坐以待旦。保周天下八百多年。"张文谦接过话茬，他的声音宽厚、中和。

"金人、蒙古人都是蛮族。他们入我中原，

杀戮、欺辱汉人，平白享受我们的物产。他们恃强凌弱惯了，能接受我们的古制吗？"守敬说。

"他们文化不发达，却骁勇善战。咱们汉人，读书多心眼儿也多，人家还没打过来，有人早就当了汉奸。也偏偏这宋朝皇帝，一个个都那般无用。"张易总是容易激动，机灵的王恂悄悄冲他使眼色。

这时，子聪站起身来，搓了搓手上的泥土。对大家的争执，他似乎很感兴趣。

子聪说："这世间的事情，往往人心虽以为得当，而事势已不允许，也是不能维持的。古来朝代的兴替，不外乎这么几种情况，一是旧政权的递嬗，或中央权臣篡窃，或地方政权入据；二为新政权崛起；三为异族入据。大宋之政情，治政和军事都弱，所以外族乘机入犯。""对于老百姓来说，兵戈战乱总是最大的不幸。而今大势，如果蒙古最终灭宋，打天下容易坐天下难，他们最终要融入汉文化，推儒学、行汉法。"

顿了顿，子聪接着说，"我曾写诗致友人冯世昌，其中有这样几句：'大中为体用时中，酌古宜

今道可通。临事若私先有碍，立心非正后无功。'
大家想想，是不是有道理。"

　　子聪说完，几个人陷入沉默。

　　郭守敬暗暗攥紧拳头。他佩服老师的分析，
暗下决心，一定要多学本事，做个对老百姓有用
的纯德实学之人。

石桥记

初秋，子聪和尚接受安抚使张耕、副使刘肃邀请，准备前往考察邢州冶铁和造币事宜。

马上就要换季，张文谦跟子聪商量，不如借机到邢州城选点布料，给大家置办几件衣裳。子聪说："那你干脆多带几个人，连过冬的被褥也添置几套。守敬、王恂他们，可以趁着这段时间休课，到太行山里去考察邢州境内河流上游的情况。"

早饭后，师徒匆匆上路。溽暑初歇，山风已经有些清凉，真是赶路的好天气。他们打算走山间小路直插沙河县（今河北沙河市）的綦（qí）阳镇，去看看那里的冶铁情况。张耕来信说，綦阳周围山上的选矿场已经招募到不少青壮年，用不了多久，冶铁炉就要重新点火了。

子聪一行出书院刚走到紫金园，郭守敬和王恂就气喘吁吁赶了上来。守敬背着行囊，怀里还抱着一摞斗笠。根据今天早晨对云彩和蚂蚁的观察，他断定晌午以后有一场大暴雨。

"守敬，我看你是被那个莲花漏弄糊涂了吧。你看这响晴的天，怎么会下雨？"张易一边说，一边不情愿地接过郭守敬递给的斗笠。

"这真保不准啊。久旱必有大雨，守敬可是会观天。"张文谦哈哈一乐，直接把递过来的斗笠戴到头上。

子聪笑着问守敬："这么好的天气，你怎么断定要下雨？"

守敬不知道老师是考自己，还是跟张易师兄一样怀疑自己，连忙认真地解释道："俗话说，早霞不出门，晚霞行千里。这早霞，是说早晨西边天际出现的红霞，可不是聚集在太阳周围的彩云啊。咱们这里闹天儿，一般都是自西向东来的。今儿早起，西边有大片的红霞。我还发现啊，院子里的蚂蚁忙得厉害，成群结队要搬家。只怕这场雨，西边山里会更大。若是下来山洪，连邢州城都得遭灾。"

说着，郭守敬的眉头蹙（cù）成了疙瘩。原本他和王恂合计好，这次出门要在南太行来个从南到北的穿越，经过渡口川、路罗川、浆水川，直达邢州区域内西北部的最高峰不老青山，那里是滦（lǐ）水主要的源头。他预料大雨将至，两个雄心勃勃的年轻人改变了主意。他们决定先跟着老师的队伍走，等到了綦阳、朱庄一带，看天气再决定下一步路线。

到达綦阳镇，太阳已经偏向西南，约莫着到了未时，头顶的天空蓝得没有一丝杂质。一门心思赶路，子聪师生连午饭都没顾上吃。刚好路边有家茶楼，原木色花格窗，簇新招幌上一个行草书的"茶"字，看样子开张时间不长。他们进去要了一壶热茶，就着自带的干粮，边休息边吃饭。

房间忽然暗了下来。守敬心里叫"不好"，起身到门外，只见大团的黑云，鸦群般从西北方向压来。风起，且越来越大，直把黄沙扑打进人的眼睛、鼻孔。铜钱大的雨点凶猛地砸到地上，扑扑地掀起浮尘。瞬时，一场大雨铺满天地间。

而此时，邢州城里也下起大雨。从太行山到大陆泽，甚至整个华北南部，都被大雨围困。

潆水，达活泉，野狐泉，邢州城北三条小河全部告急。邢州境内最大的河流——大沙河，也要满了！

好在，雨终于在入夜之后渐渐停息。且山区雨势比平原小，并未爆发山洪。沥涝，集中于邢州城周围村庄。

这场雨，更坚定了安抚使兴修水利的决心。与刚刚从綦阳赶来的子聪、张文谦商议之后，官府贴出告示：秋后开始治理野狐泉、达活泉和潆水，向民间招募河长，领办河工。

招贤告示贴满了邢州城的东关、西关、南关、北关，又贴到了任县、南和、沙河的大小村庄。人们议论纷纷。有的说，谁敢招惹蒙古人，躲着还怕闯祸呢，给他们当河长，弄不好把脑袋给当没喽。也有认识张耕和刘肃的，印象不错，就说，新来的俩官儿是汉人、儒者，都有廉洁公平的好名声。他们一来，就恢复了綦阳的炼铁，鼓励流落在外的人们回家种地。这世道说不准要变好。

告示贴出三四天，陆续有人来打听出河工的事。张耕派人专门接待，一一登记下姓名、年龄和村庄。河长，却一直没有人报名。

其实，张耕心里早有一个人选，那就是郭村大儒鸳水翁郭荣。为了兴修水利，他们四处寻访耆老，听取乡贤的意见，已经拜访郭荣几次。未雨之时，鸳水翁跟张耕一起，到邢州城北查看地脉，反复测验，断定这里确实有过一座石桥，还得出了桥的大概位置，并建议邢州治水，从这潦水、达活泉、野狐泉开始。山村草野，竟有如此人品、如此博学的大才，张耕受到启发之余，深深感慨。

正当张耕犹豫着要不要去请郭荣出山，老人家却不请自到了。而他此来，并非自告奋勇，而是替孙子郭守敬报名。这，又在张耕的意料之外了。

郭守敬的才华，张耕也有所耳闻。但他毕竟

初出茅庐，还是个半大小子。当河长，那可不是制作莲花漏，跟玩似的，成败无妨。说来也巧，张耕在衙门里陪着郭荣说话，不好直接驳了他的面子，更不能得罪这位治水能人。这时，外边衙役来报：有人自荐河长。

自荐者正是郭守敬。他和王恂，是在朱庄看到招贤告示的。朱庄，是澧河流经的一个重要村庄。再往山里走，地势陡然抬升，河面变窄，所以，这一带河湾水流十分湍急，可谓其咽喉。

村庄里的一纸告示，让他们毅然取消了考察计划。

朱庄到邢州城，六十里路，半天工夫郭守敬便赶了来。他没有贸然到安抚司，而是先到城北实地考察。

有个老者正在放羊，郭守敬走上去与他攀谈。

老者说，他父亲在世时经常说起，达活泉上曾经有过一座古石桥，修得很漂亮，玉石栏杆上雕刻着云纹，栏柱上蹲着小狮子。可惜当年被洪水冲毁，现在已经连影子也找不见了。如今，天旱水缓时，人们就架漫水浮桥，以便通行。闹起大水，浮桥登时就冲毁了，任谁也没法子。年年有淘气孩子下去摸鱼洗澡，玩着玩着就到了深处，再也回不来，羊啊、猪啊掉下去淹死的不计其数。

告别老者，他又到附近村子打探情况。年轻的说，邢州城北从来就是这个样子，水不深，冬天结冰都结不实，可能底下住着狐仙，隔一段时间就得拉个活物下去作伴儿。年长的，跟放羊老者提供的情况差不多。打问古石桥的位置，都说不知道。

守敬当即决定亲自涉水勘察。他以为，老者提供的石桥线索非常重要。如果石桥真的存在过，位置应该就是达活泉和野狐泉、潇水交汇的中心点。因旧谋新找到这个中心点，复建石桥，然后该疏的疏，该堵的堵，难题必迎刃而解。

处暑时节，河水不太凉，不必准备太多的装备。放羊老人年轻时围过鱼，家里有条连脚羊皮裤，听说郭守敬要到水中去寻找古桥遗踪，老人家执意提供皮裤。守敬又让人把他在南关集市上买的皮鞭稍，一条一条接起来，系在腰上，另一头由村里两个热心的年轻人紧紧地拽着，开始下水。

第一次入水，他徒手从北至南朝着北城门的方向行了一个来回。在水深流急的地方，提气凫水而过。他行得很慢，细细观察着各处水流变化、小漩涡等细微情况。第二次入水，携带了标好刻度的长杆。在水最深的地段，他憋好气，潜下水底，设法进行栽杆测量。第三次，携带了一把钢锨和一个袋子。这一次，他进行了水底取泥。

连郭荣都没有想到，自己的孙儿见到张耕安抚使时，会是那样一副沉稳、自信的样子。他为这位邢州大员带来了实测的数据，分析石桥位置的泥样，以及筑坝、断水寻桥的建议，话不多，但每一句都是不紧不慢，有据有理。

秋末，三条泉水的水位自然下沉，这为寻找古石桥提供了很好的契机。经过郭荣等耆老乡贤判断，又经过郭守敬实测认定的位置，很快挖出一片玉石栏板。随着挖掘面和挖掘深度扩大，断裂毁坏的桥石陆续出土。

郭守敬被安抚司正式聘为副河长，总领治理工程的技术工作；河长由地方长官李质担任。为此，守敬向子聪请假三个月。子聪甚是高兴。作为一个钻研实学的年轻人，紫金书院读书十载不嫌多，可这样实实在在的锻炼机会，有了一次，就会终身受用。

初冬，离开工仅仅过去四十五天，一座新的石桥赫然而起。由于采用了郭守敬"因旧谋新"的策略，凡是古桥上尚可使用的石料都用于新工程，节约了大量的材料、人工，也大大缩短了工期。守敬建议，所有河工可以以工代赋，根据出工量减免来年的各种捐赋、杂税，张耕一一应允。四百河工，吃住于工地，挖河清淤，挖塘筑堤，干得热火朝天。

百年不治的潦水、达活泉、野狐泉，在新年到来之前各归其流。通过新修的石桥，人们自由来往于城市和乡间。

大文豪元好问听说此事，专门作《邢州新石桥记》以记之。

这一年为1251年，郭守敬二十岁。

布衣北上

书院一别十载，郭守敬无时无刻不处在"北上"还是"南下"的煎熬当中。

当年"书院五杰"，除他之外，全部成为忽必烈政权的梁柱。子聪和尚自不必说，自从蒙哥登上汗位，忽必烈统领汉族地区事务，所有"汉法"，莫不由他谋划。张文谦也是汉臣中数一数二的人物，忽必烈抢位登极，即刻封其为中书左丞。王恂十八岁陪侍真金殿下，二十六岁升为太子赞善。张易作为推行汉法的重要参与者，此时已擢升燕京行省参政。

这十多年间，郭守敬沉潜天文、水利、算数诸学，邢州治水小试牛刀之后，又对沣河、滏

（fǔ）水、漳水等华北南部水系进行多次踏勘。他多么想有朝一日能够施展自己的满身才学。

对于宝贝孙子的未来，郭荣心里早有盘算。守敬和张易、王恂一起在紫金书院读书，肚子里有"货"，但他自幼内向腼腆，不善交往。陪太子读书，他一定不如王恂伶俐、周全；做封疆大吏，也不如张易具备快刀斩乱麻的果敢和刚硬。至于行军打仗，只有张文谦那等文韬武略者，方堪为大用。

正如子聪和尚所言，"守敬是只专门钻水利和天文的虫子"。这只"虫子"出山，需要慢慢等待天时。

天时，说来也就来了。

在遥远的燕京城（今北京），因为一件出色的计时仪器，"郭守敬"三个字已经引起忽必烈的关注。

这天，中书左丞张文谦自大名前来献宝。张文谦所献之宝并非别物，而是一件据称非常精准的计时仪器，名唤"宝山漏"。春节之前，张文谦快马传书，绘制宝山漏图形，并详细介绍了这件宝物的功能。忽必烈指挥大小战斗无数，时间观念甚是强烈。因为更漏不准而失利的事，让他耿耿于怀。多年前，他就暗中派人四处寻找宋人燕肃所造莲花漏图的下落。而今，邢州民间有人在燕肃莲花漏的基础上，改进创新，制造出计时神器，忽必烈能不欢喜！

众武士将宝山漏抬进大殿安放停当，忽必烈起身仔细打量这件上好铜材制成的神器，王恂、真金和察必也围拢来观瞧。张文谦一一讲解主要组成部件——上匮（guì）、下匮、上渴乌、下渴乌、受水壶、退水壶和减水盎的用途。

武士取来净水，忽必烈命张文谦马上注水演示。所有人不由屏住呼吸，大殿之内，只有宝山漏上匮滴水孔均匀漏水的声音，清脆而美妙。

"张爱卿，这制作宝山漏之人，果真是那个邢州治水的年轻人？"忽必烈久久观察宝山漏运行，十分欣悦。

"陛下，正是郭守敬。他不仅治理了邢州的潦水、野狐泉，也助微臣考察了大名府（治所在今河北大名县东南）境内所有的河、沟、渠、道，绘制图形，形成一整套治理方案！"张文谦答。

"真是巧思绝人！巧思绝人！这郭守敬，一定要为朕所用！"忽必烈话语中充满着激动。

一切都在张文谦的周密安排之下顺利进行。傍晚时分，鸳水翁郭荣出现在守敬临时栖身的邢州天宁寺。

自从张文谦把守敬带到大名府衙协助办理事务，爷孙已经一年多未曾相见。看到守敬脸膛晒黑了，肩膀头也比原来宽厚了几分，满心的牵念一扫而去。而守敬也在用心地打量着爷爷，过了这个年，爷爷就七十六岁了。虽说常年练习拳脚，身子骨比一般老人硬朗，毕竟年岁不饶人哪。

这次决计北上，为避免节外生枝，郭守敬听从张文谦安排，没有回家告别而是一封密信把郭荣老人约到了天宁寺。想到自己此一行不知几年能还，丢下妻儿和年迈的爷爷，怅然而愧疚的情绪，汹汹然涌上心头，从来感情不外露的郭守敬，猛然间跪伏在爷爷身上。

夜深人静，爷孙俩在天宁寺后头的客房里，拴了门，坐在火炕上说话。

良久，郭荣解开棉袍，从贴身衣服口袋里掏出守敬打小就非常熟悉的那件陶埙（xūn），缓缓递在孙儿手上，像是移交一件传世之宝。今晚，他必须告诉守敬一个秘密。

在邢州往西几十里的丘陵之间，散落着数座非常有名的窑口，盛产邢白瓷。郭守敬的父亲自幼喜欢制瓷，禀赋甚高，窑主多次高薪请他去做掌窑师傅，都被郭荣拦下。但他少不了被一群同好叫去"玩泥"，三五日甚至十天半月地逗留在制瓷作坊里。蒙古兵占领邢州之后，上层军官纷纷爱上邢白瓷，派兵镇守各窑口。溃退的宋军，时而组织一次北上偷袭，一方面是不甘心失败，还有一份私念，就是邢白瓷。有一次，两军小股部队在窑口发生激战，混乱中守敬之父等几个艺人被无辜杀害。得噩耗，守敬的母亲一头撞死于家庙的梁柱之上。

陶埙是守敬父亲的唯一遗物，他十八岁时亲手烧制，生前经常带在身边吹奏。这么多年，郭荣教会了守敬吹埙，自己也在一些特殊的日子，坐在土观星台上长时间吹埙。但他从来不跟孙儿提起这件埙的来历。与其让孩子在伤痛中长大，不如让他多多学习本领。

郭守敬内向、心静，却丰富、敏感。听完爷爷的讲述，他双手托埙，长跪不起："孙儿此次北上，遵着您和老师、师兄教诲，寻找施展本领的机会。果真在蒙古人手上为官，也绝不贪图荣华富贵，更不会欺侮百姓、辱没祖先。请祖父放心。"

"就让这埙陪着你，保佑你吧。但愿忽必烈真像刘侃所言，堪为一代明主，为蒙汉民族开百年盛世。"郭荣搀起孙儿，老泪潸然而下。

徒步出邢州地界，郭守敬的心总算定下来。到赵州（今河北赵县）城外，他用张文谦给的盘缠买了头两岁口的毛驴，在一家小店胡乱吃了些烧饼，喝了壶免费续水的花茶，便抓紧赶路。

行李不多，却件件要紧，有简易的水利测绘工具、华北古代水系图，还有自己做的绘图本、几册古书。父亲的陶埙，守敬也学着爷爷的样子，藏在贴身的衣袋里。与张文谦约定，燕京相见时间是转过年的五月十五，现在还有十天才到春节，这小半年光景，正好沿途考察大小河流、沟渠，寻访乡间耆老，了解近几十年间气候变化情况。

守敬一路北行，横穿洨（xiáo）河、汉河、滹沱（hū tuó）河、木刀沟、沙河、涌泉沟、磁河、唐河、小清河、大清河等大大小小近百条河流。正值严冬，河面结着或厚或薄的冰。河岸多年失修，水害肆虐过的印迹随处可见。

又是勘测，又是绘图，走走停停，停停走走。有时宿在郊野小店，有时借宿于乡野人家。中间遇到两场暴雪，郭守敬不得不在定州和雄县各逗留了十多日。

到涿县（今河北涿州市）境内，已是仲春。千里冰河消融，遥远的群山为平原上的河流带来新生的雪水滋养。日影一天比一天浓重，空气也有了丝丝暖意。就在这个时候，郭守敬第一次见识了号称"浑河""小黄河""无定河"的卢沟（今永定河），并首次进行沿途勘测、绘图。

这次测量，为他日后主持开金口引水通漕，提供了非常重要的依据。

冥冥中，总有一股看不见的自然力给人类开着玩笑。

中统元年（1260），北方遭遇大旱。中统三年（1262）七月，多地接连上报雨雹砸伤禾稼，大片农田面临绝收。华北产粮区告急。

减租和水利农桑之事，提上忽必烈的议事日程。他急迫地要网罗水利人才，请张文谦给郭守敬传信，速速进宫。

而此时，郭守敬已经在张文谦安排下，于房山、通州一带考察河流，将燕京水系勘测完毕，制图造册，草成了一揽子治水方案，在开平城外候旨。

很多次，守敬在心中描画过忽必烈的模样。来到大殿，行过叩拜之礼，他发现，除了一袭黄袍和头上戴的钹笠冠，这位皇帝其实就是一副典型的蒙古族中年男人长相。有些不同的是，眉宇中多了几分睿智和开阔，还有几分狡黠。

郭守敬本是内向之人，不善于与陌生人交流。但此刻，他胸怀华北水利治理的议奏，有千言万语需要倾吐。

作为一介布衣，治水、观星的本领能否得以施展，就系于眼前之人的一念之间。守敬心里不能不有点儿紧张。

好在，忽必烈好像与殿下的年轻人久已熟稔。他也不绕什么弯子，直接请郭守敬陈述踏勘华北水系的情况。

郭守敬成竹在胸，直陈水利六事。面对威严的蒙古大汗，口齿比任何时候都利落、清朗，条理分明：

其一，把燕京西北玉泉山的泉水引入金朝开挖的那条废弃运河，可以沟通从燕京到通州的粮食运输，这样一年就能省六万缗（mín，古时成串的铜钱，一串为一千文）车钱。若在通州以南的蔺（lìn）榆河口径直开凿运河，由蒙村跳梁务至

郭守敬成竹在胸，直陈水利六事。面对威严的蒙古大汗，口齿比任何时候都利落、清朗，条理分明……

杨村（在今天津市西北），有规避淤浅、风浪和远转三大好处。

其二，顺德（即邢州，今邢台市）城外的达活泉可引入城中，分三支东流，可灌溉城东的田地。

其三，沣河从顺德南往北流入古任城（今河北任县），因泥沙淤积失其故道，淹没民田一千三百多顷。如果把那段失道的河修好，不仅民田可以种植，而且河水到小王村会合滹沱河，流入御河（即卫河），船只也能通行无阻。

其四，从磁州（今河北磁县一带）东北，滏水、漳水合流的地方开渠引水，由滏阳、邯郸、洺州、永年经过鸡泽，合入沣水，可灌溉农田三千余顷。

其五，沁河流经怀州（今河南沁阳县）、孟州（今河南孟县）地界，虽然还能浇灌田地，但它的上游有漏堰情况。若引导其余水东流，至武陟县北，合入御河，其间也可灌田两千余顷。

其六，在孟州西面，黄河北岸开一条渠，引河水北上，经由新、旧孟州中间顺黄河旧道到温县，再向南重新归入黄河，如此也可灌溉农田两千余顷。

郭守敬每陈述一件事，忽必烈都点头称"妙"。待他竹筒倒豆子一般，把内心的想法和盘托出，忽必烈忽然站起身来，朝殿前分列两厢的文武大臣们说道："众位爱卿啊，担任官职的人都能像郭守敬这样，就是不白拿俸禄了！"

当即，郭守敬被授予"提举诸路河渠"一职。守敬叩拜谢恩。

他不知道"提举诸路河渠"是个什么官。但他明白，忽必烈给的这个职务，如同一架梯子，登上去，距离施展才华抱负的机会就近了。

西夏治水

　　中统四年（1263），郭守敬升任副河渠使。第二年（至元元年，1264），忽必烈敕令他和蒙古族官员唆脱颜赴西夏中兴等路行省（治中兴府，今宁夏回族自治区银川市）考察黄河水利。

　　西出青铜峡，进入黄河河套之地，风顿觉硬朗。人们常说，九曲黄河，唯富一"套"。这塞外江南，五黄六月，正当禾苗蓬勃，田畴如碧。

　　而郭守敬与唆脱颜的所遇，却让人心情沉重。只见千里黄河灌区，渠干堰颓，荒突突的四野遍生着芨芨草和菅（jiān）茅。一路都是破衣烂衫者，有的拖儿带女，有的夫妇相携，纷纷欲过青铜峡。

唆脱颜派随从打问得知，这些人都是当地垦民。有的人家，汉唐时从内地迁移而来，有的则说是土生土长的河西人。连年战乱，灌渠失修，田地无从灌溉，打不出粮食，大家不得已弃家而去，沿路乞讨。

晌午时分，郭守敬与唆脱颜在一家客栈打尖。忽然，一群讨乞者抬着一个老翁涌进来。他们不由分说，跪倒在地，每人手中举着破边缺口的烂碗或食盆，高呼："青天大老爷，请赏口饭吃。"

唆脱颜见状，忍不住要动怒。这些人，说是要饭，其实属于拦官，是犯法的。郭守敬悄悄拽住他的袍带，低言："大人稍安，我来处置。"

随即，他轻步走到人群中，矮身把老翁搀扶起来，安置到里间炕上，并吩咐随从带大家伙儿到院子里等候。接着，取出一点银两，找来客栈伙计，让无论如何设法熬些粥饭。

这些讨乞者，倒也好安抚。他们原本不想闹事，只是饿极，想图一碗饭，给老翁讨点看病的钱。听客栈一个伙计传信，客栈里来了京城里的大官，才甘愿冒险。

老翁复姓拓跋，也没什么重病。这几日，逃荒路上收留了一个回族孤儿，讨饭不容易，有一口饭还总尽着孩子吃，才至饥饿成疾。郭守敬让人给他喂下一碗米汤，过了半个时辰，老翁就有了一些气力。

原来，拓跋老翁是唐朝屯垦者的后裔，家住青铜峡附近的一个农庄里。

老翁说："自西夏灭亡，这里归属蒙古汗国之后，官员蔑视农桑，不但不修复战争中破坏的水利工程，还试图把这原本大片的鱼米乡改为大牧场。水利失修，灌渠废弃，禾苗焦渴而死。种地不如不种，老百姓只能流离失所。"

素来朝代更迭，政权纷争，战火刀光之下，最倒霉的总是黎民百姓。郭守敬听着老翁讲述，不由想起自己的家乡邢州，泪水濡湿双眸。

见这拓跋老翁谈吐不俗，郭守敬抑制自己激动的情绪，又慢慢向他探问灌区的情形。老翁说，这西夏之地的黄河，由西南向东北形成一个马蹄形大弯儿，切出黑山峡、青铜峡和三道坎，到银川一带在泥沙冲积下形成平原。这段黄河六百多里，河槽稳定，水流平缓，史上很少泛滥。秦汉以来，历代屯垦、迁民，有"塞上江南"之誉。

郭守敬打开行囊，把剩余的干粮、盘缠捧出，送给老翁、孤儿，还有几个拖儿带女的妇人。

没想到，离开客栈刚行不远，又一群难民不知道从哪儿冒了出来，祈求施舍。行三五里，又是一群。

郭守敬已经囊中空空，只能歉疚地给大家作揖：朝廷会眷顾大家，一切都会好起来的。

人们团团围住郭守敬，跟他大倒苦水，请他就地赈灾。幸亏身强力壮的唆脱颜和随从一起，把他"解救"出来。几个人几乎是狼狈地逃离。

即使如此，郭守敬也没有忘记向着难民们遥遥揖别。

引黄古灌区，不仅是民生所系，也是历朝历代的军事战略所系。这片镶嵌于河西走廊边缘、大漠高山之间的绿洲，对汉唐盛世的形成作出过重大贡献。到宋代，版图不大的西夏王朝，依靠古灌区滋养，创下存活近二百年的奇迹。

此来西夏，尽管忽必烈只是敕令郭守敬考察水利、绘制图形，但他已经意识到，考察仅仅是恢复水利农桑的一个序曲。

忽必烈夺位称帝之后，与兄弟阿里不哥争夺权力的战争长达五年。战争需要最近便的粮仓。他在华北平原推行"汉法"改革，并推及长江以北广大地区，与此同时，也把目光伸向这个西北大粮仓。

当国家战略与民生系于一脉，便是老百姓的福祉。郭守敬愿意把平生的本领，献给这块与家乡邢州遥相呼应的土地，献给这里的苍生黎民。

此次西夏之行，名义上唆脱颜为正、郭守敬为副。但唆脱颜对治水之事一窍不通，乐得当甩手掌柜，一切全由副河渠使做主。所幸，西夏中兴等路行省郎中董文用，对复兴古灌区水利之事很上心。郭守敬和唆脱颜到来之前，他已派出数路人马沿唐徕、汉延等古干渠展开考察。

董文用对郭守敬这位以布衣身份朝见皇帝的

年轻水利官早有耳闻，两人见面长谈，顿觉相见恨晚。

在董文用等地方大员支持下，用时两个月的黄河河套水利考察还算顺利。中间，有忽必烈重臣阿合马的势力滋事作梗，终究也没有泛起多大的浪花。

这天，西夏古灌区图已绘制完毕，快马送往位于金莲川大草原的上都开平。从中兴府到开平，文书往来，需要月余。郭守敬和唆脱颜起身时，忽必烈亲嘱，考察完毕原地待命。他决定利用这待命的间隙，着手设计恢复古灌渠的蓝图。

转眼进入八月，郭守敬草制的恢复古灌渠图完成过半。这些天，他几乎跑遍了所有干渠、支渠，凡关键处都自己动手丈量，对废弃、损坏、淤滞变浅的地方，一一做了标记。他还常到村庄去访问乡贤，请教那些七八十岁的老人家。

董文用以中兴等路行省名义发布的安民告示，也开始发挥作用。避乱、逃荒的老百姓，三三两两相继归来。城镇里，回回人、畏吾儿人、突厥人的店铺在夜晚燃起灯火；村庄上，升起越来越密集的炊烟。

八月末，中书左丞张文谦奉召前来管理中兴路等西北要地，正式开启"西北粮仓方略"。这让郭守敬激动不已。

张文谦一到任，连夜召集唆脱颜、董文用、郭守敬，还有一些地方要员，讨论郭、董二人草就的恢复古灌渠图纸。

张文谦为人刚明简重，举贤不避亲，对于阿合马之类的奸佞权臣毫不忌惮。大堂之上，他点名让郭守敬第一个陈述。

经过数月考察，守敬对于复兴西夏整个灌溉系统早已胸有成竹。

他说："总体思路，可用八个字概括，那就是：因旧谋新，更立闸堰。"

"何为因旧，何为谋新？"文谦道。

郭守敬把早已准备好的图纸展开，挂在一面墙上，请张文谦等众人移步看图，对着图纸一一阐释如何"因旧"，如何"谋新"。

"这次西夏治水，大部分原有渠系可以利

用，因渠制宜，疏浚整理；但关键取水口处的闸堰，由于黄河常年冲刷，毁坏严重，已经无法在原址修复。根据古来的经验，应向上游移位新建。"这位年仅三十三岁的水利官员，话语不多，但掷地有声。

接着，他又进一步解释："自古水利工程，以秋冬时节兴建为宜。工程结束，不耽误第二年的农事。这西夏古渠，密布如网，有干渠、支渠，还有无数的斗渠。干渠迎水堤导河水入渠后，每一定长度临河一侧需修筑溢流侧堰。溢流侧堰以下河段的渠堤上，再设置退水闸一至二处。在退水闸以下渠道上，为控制水量还得建正闸。干渠遇到高田得架飞槽，遇到排水沟得设暗洞。"

"我以为应该上报天朝，全部重修。"忽然，站在张文谦右首的唆脱颜抢声说话。董文用和郭守敬几乎同时心中一凛（lǐn）。

这位唆脱颜，前期整个考察过程几乎不闻不问，现在站出来唱反调，说起来既在意料之外，也在情理之中。忽必烈治下，人分四等，第一是蒙古人，第二是色目人，第三是北方的汉人，第四是南宋王朝归顺的汉人。唆脱颜与郭守敬同在都水监任职，职位却高于郭守敬。此刻，他的反调，有几分是对所有人强调自己的位置，也有几分是在敲打提醒张文谦、董文用等汉人官员。

唆脱颜开了头儿，接着有几位西夏本地的官员附和。张文谦请他们一一说出废弃旧渠另起炉灶的因由，一个个又支支吾吾，不知所云。

郭守敬趁机说："工程浩大，关涉国家大计，切不可盲目，劳民伤财。请中书左丞大人三思。"

讨论无果而散。但张文谦已经有了主张。

三天之后，一份奏折由快马飞送忽必烈。在这份奏折中，张文谦再次举荐郭守敬。他提出，西夏要恢复自秦代开始的引黄灌溉传统，使"渠皆通利"，农桑重振，百姓安居，工程总指挥非郭守敬莫属。

忽必烈让郭守敬和唆脱颜留在西夏待命本就有此考量，看过他们呈送的西夏水利图，心中已然做出决断。张文谦奏折一到，马上"准了"。

十月初，河汛已过，水流愈加平缓。治水总指挥郭守敬披挂上阵，工程第一役，即治理最长的唐徕渠。这唐徕渠，长四百里，渠口开在青铜峡旁，为汉代旧渠，唐代大规模疏浚扩展后，招徕户民垦植，故而得名。

疏浚唐徕渠之前，需要将取水口上移。这是成败的根本之举。

郭守敬带人对所需的石料、土方等各种物资精心计算，并到现场反复勘测。他招募了一百名富有经验的河工担任修渠骨干，并且把行李搬到工地，跟河工一样吃住在窝棚里。

拓跋老翁的名字也出现在河工名单里，他坚决跟着"恩人大老爷"一起修渠。这老翁，是当地著名的把式，十几岁就出河工。有拓跋老人相帮，给青年人讲解修筑迎水堤和退水堤的要领，如何立水尺，如何分水开渠口子，很快，多数人都成了能手。

转眼进入小雪节气。西北风穿过空旷的河岸声如狼啸，从腾格里沙漠方向吹来的沙子，肆无忌惮地扑打着工棚、工地，一呼一吸间鼻孔、嘴巴里全是沙子。每当开饭，人们不得不连汤菜中的沙子一起吞咽到肚里。郭守敬想出一个办法，按进度和质量给河工结算工钱，日清日结，而不是像以往一样论天计酬按月开支。消息一出，大大鼓舞了河工的干劲。

至元二年（1265）春夏之交，中兴州的唐徕、汉延，以及西夏其他四州的十条正渠、六十八条大小支渠，全部疏浚完毕。

趁着郭守敬逆河而上，去寻找黄河源头，由拓跋老翁带头，在唐徕渠头的唐正闸旁，人们悄悄为郭守敬立起一座生祠，感念他的修渠治水之恩德。

大都水官

前往西夏治水之前，郭守敬先在燕京干了一件了不起的大事——开玉泉水以通漕运。

这天，忽必烈把刘秉忠、张文谦、郭守敬等招来议事。

大家坐定，忽必烈说："我打算重修金国留下来的燕京城，沟通华北与燕京的漕运。大家以为如何？"

刘秉忠沉吟片刻，站起身来，微笑作答："陛下，臣以为如此决策，甚为英明。如今，北方战事还在持续。为保证战事所用粮饷，先得把华北地区的粮食运至燕京，再北上转运。要保证华北到燕京漕运的畅通，关键是设法实现通州至燕京通航。"

"刘太保所言，切中要害。通州至燕京河道通航，有什么好的办法吗？"忽必烈跟刘秉忠讨论着，眼光却转向郭守敬。

不久前，这个年轻人向他面陈水利六事，其中之一就是把玉泉水引入燕京城。燕京这个地方，左环渤海，右拥太行，南襟河济，北连朔漠，是个建都的好地方。唯一不足，就是缺水。因此，郭守敬为这座城市引入新水源的奏议，正碰忽必烈的心坎。

郭守敬出任提举诸路河渠之职，一直等待着施展抱负的机会。忽必烈的决策，让他心潮澎湃。他取出随身携带的图册，在忽必烈的案头展开。这是他北上面见皇帝之前，根据张文谦安排，在全面勘察燕京周边水利资源之后完成的。没想到，这么快就派上了用场。

几个人围图而立，郭守敬把他心中的规划设想，细致地讲说一遍。忽必烈眉开眼笑，就连刘秉忠也在心里对自己的弟子竖起大拇指。

当即，皇帝下旨：开玉泉水工程，由军队将

领宁玉统领。郭守敬负责勘察水源，设计蓝图，指导施工。

调度军队开河渠，兴水利，是元朝的传统。这宁玉，本为水军万户张瑄的部下，曾任盟津渡长。宁玉是个急性子，郭守敬内敛、沉稳，俩人配合，倒也妥帖。

接旨之后，宁玉总是催着郭守敬要施工图纸。郭守敬却不着慌，先后五次进山考察。图纸定稿之前，他决定第六次进山。

这一次，他约了宁玉。

这座离燕京最近的山，六峰连缀，逶迤南北，远远看上去形状像马鞍。进得山中，沙痕石隙之间，随地都是泉眼。奇岩幽洞，小溪潺潺。

守敬向宁玉介绍："玉泉山泉水，原是清河的上源，非常甘甜。早在辽代，人们就开始开凿燕京西北部的海淀台地，使玉泉水与天然的高粱河相接，供应城区用水。金时，高粱河下游汇聚而为白莲潭（元代积水潭的前身）。"

对照工程图和实地勘察的情况，他向宁玉仔细讲解："开玉泉通漕工程，分为两段：一是从玉泉山至积水潭段；二是积水潭至通州段。这两段，前代都有规模不等的开凿，所以，这次开浚，关键是摸清玉泉山真实的水量，进行保护性治理，至于疏浚工程却不难，一方面拓宽河道，另一方面修造必要的闸坝控制设施。"

俗话说，外行看热闹，内行看门道。作为一名颇有经验的河道官，当宁玉一踏入遍地涌泉的玉泉山，已经对郭守敬有了几分佩服。汇小流以成大渠，守敬的这份胆识，没有踏破铁鞋勘察验证，是万万不能的。

到中统四年（1263）春天，开玉泉通漕工程第一段已经有了模样。忽必烈批阅进度奏报，大悦，即刻擢升郭守敬副河渠使之职，加授银符。

之后，郭守敬受命西夏治水，疏浚玉泉工程由宁玉率领工匠和军队继续进行，至元四年（1267）完工。

在多数人眼中，郭守敬有点古怪。有官服，他极少穿戴；在都水监为官，却极少看见他的影子；有刘秉忠、张文谦这样的大靠山，却并不常走动；至于官员之间的应酬，他从不掺和。

只有当忽必烈一次次亲自点将，请郭守敬出山做各种重要的事情，或在朝堂之上对这位官职不高的年轻臣子不吝赞美之词，并且不断加官、封赏的时候，众文武官员才会再次把有点复杂的目光聚拢到他的身上。

至元二年（1265），燕京老城重建正在关键时期，新城规划已经开始酝酿。大建设，需要大量的建材供给。陆路运输太慢，漕运能力也不足，各路分管工程的官员，一个个成了热锅上的蚂蚁。

从西夏治水归来，郭守敬升任都水少监（相当于今水利部副部长）。帐殿之上，郭守敬亮出一个险招："在卢沟水上重开金口（位于今北京石景山西部），引水通漕运！"一语既出，连刘秉忠都心中一哆嗦。

或许包括忽必烈在内的蒙古人，并不熟悉卢沟的脾性，但刘秉忠知之甚深。近百年前，金人欲引卢沟通京师漕运，最终失败的教训，他研究过很多次。当时金口所在位置，河岸高出京城一百四十尺，相当于二十来间普通民房摞起来的高度。一旦决口，将如猛虎扑食，会让城市毁于一眨眼之间。

郭守敬，又何尝不了解这条喜怒无常的河？很小的时候，爷爷郭荣带他读《水经注》，就对卢沟留下较深印象。卢沟，古称灅（lěi）水，发源于宁化（今山西宁武）管涔（cén）山，汇洋河、壶流河、妫（guī）水，全长一千五百里，在塘沽入渤海。这条河的上游流经太行山、阴山、燕山余脉、蒙古高原，海拔四千五百多尺，沿途植被、地形、气候条件恶劣，土壤侵蚀严重。中统三年（1262），守敬第一次踏上燕京之地，列入他首批察访名单的，就有卢沟。他亲眼看到，它嘶吼着经官厅山峡跃入燕京地界，夹泥带沙，怒涛翻滚，一路奔向门头沟、石景山、丰台、房山、大兴，内心里竟然澎湃着一股无可言说的激动和不安。

"善淤，善决，善改道，是这条京畿最大河流的品性。在燕京境内，自官厅（位于今河北怀来县）至门头沟三家店属于上游。这一段长度只有短短两百里，却山峦叠嶂，沟谷纵横，落差达到九百尺余。从三家店出山，进入下游，形成古道洪冲积扇面，由于泥沙大量淤积，河床高出地面。决口、改道，十年九灾。因此，它也被称为小黄河、浑河、无定河。"

大殿之上，郭守敬毫无保留地陈述了他对卢沟这条河的认识，以及重开金口的风险。接着，他话锋一转，这样说道："卢沟的性情难以把控，但历史上在太岁头上动土者并不乏其人。三国时期，在其出山口处，即已修建引水工程，建戾陵堰，凿山开水箱渠。北魏时期，幽州刺史修复戾陵堰引水工程，号称为利十倍。金，以燕京为都，把以灌溉为主的卢沟水与高粱河开发，转向以发展漕运和保障城市供水、农田灌溉多种目的的综合开发。金世宗批准引卢沟水通京师漕运工程。那次开金口的位置，就在三国水箱渠的水门附近。在金口安装了闸门，称金口闸。由于金口就在卢沟主河道，那段堤岸又薄弱，随时有决堤危险，确实对燕京威胁很大。所以，世宗野心勃勃兴建的漕运，只存在五十天就结束了。"

忽必烈听完，仰天大笑。他说："不入虎穴，焉得虎子。郭爱卿，你就来做那个入虎穴擒虎子者，如何？"

入虎穴擒虎子，说起来容易做起来难。同每一次工程一样，开工之前，郭守敬先进行反复、完整的勘察。

这卢沟，从郭守敬第一次相见，已三年余。三年间，除却在西夏的时间，守敬每个季节都要踏查两三次，晴里看，雨里看，雪中看，旱时看，涝时看。有时候，他从平原溯流而上，有时候又从燕京行至官厅再一程一程折返。山里路，乱石尖利，荆棘丛生，抑或简直就没有路。他犹记得，中统三年（1262）深秋考察卢沟，鞋子第二天就磨烂了，从老乡家买到一双，又穿成稀烂。回到京城，怕夫人担心，赶紧在一家衣店赊了身河工们穿的衣服，方才回家。自那以后，再赴卢沟，他必定请夫人准备两至三套衣服、三至四双鞋子。

功夫不负有心人。郭守敬单独为卢沟的水文、地质勘测结果做了一个本子，以方便与历史

这卢沟，郭守敬每个季节都要踏查两三次……山里路，乱石尖利，荆棘丛生，抑或简直就没有路。

记载相对照。他反复研究金代引水失败的教训，也反复研究了历代兴修水利的成功案例，比如四川都江堰分水鱼嘴引水和飞沙堰泄洪工程，当然，也包括西夏治水的经验。

现在，这条不驯的京都第一大河，在他的胸膛中已然平复、温柔。他要拿出一个最合理的方案，请它以性情中最安静宽和的一面，为京都建设开便捷之路，减轻陆路运输给百姓和牲畜带来的繁重劳役。

工程从至元二年（1265）秋开始，只用了一年多。按郭守敬的引水方案，取水口上移至麻峪村村北、金代取水口的上游。在取水口左侧，筑导水堤，引导河水入漕渠；经过三四里的引渠，河水才到达进水闸，同时又在金口上游预开减水口，减水口后开退水渠。引水工程，还在玉渊潭附近设置了调节水库。这个水库，不仅可以作为漕运码头，还能调蓄上游水量，以保证漕运供水的均衡。

金口漕河为元朝工作三十年。三十年间，作为漕运码头的玉渊潭，也成了京都内景色优美的核心地带：沙鸥融于波间，幽禽鸣于林际。

与万象更新的元朝相比，金朝遗留的燕京城毕竟太旧了，也太小了。至元四年（1267）正月，新的都城建设终于启动。新城地址的选择以及宫殿、官署、太庙、市场等综合规划，均由刘秉忠负责，而水利重任则落在郭守敬的肩头。

"守敬，你这个水官儿啊，以后的任务，恐怕不光是治水，更重要的是找水、用水！"足智多谋的刘秉忠，或许从郭守敬面见忽必烈的那一刻，就已预见到自己这位学生多半生的事业，与大都水系设计和建设扯不断的因缘。

浚玉泉、开金口，引水通漕，正好解决了建材运输问题。官民生活用水、皇家园林用水，也因着开玉泉水工程的提前完工，而显得非常从容。

至元十一年（1274）正月初一，大都宫阙初步告成。红墙金瓦，斗拱飞檐，碧树琼花，金水环流，好不气派。忽必烈在大明殿接受朝贺。朝贺礼成，忽必烈宴飨（xiǎng）三品以上官员。郭守敬作为都水监，也参加了盛宴，并特许陪同刘秉忠刘太保游琼华岛。

至元十三年（1276），大都宫殿建设基本到位。至元二十年（1283），官民正式迁入。由此，大都成为规模空前的世界性大都市。大都建设，以金水河、太液池等水利为基础，坚持"得水为上"，将河流、湖泊治理融入城市建设体系。

后世送给郭守敬一个称号：大都水系总设计师。

奉命修历

郭守敬无意中得到一个消息：朝廷要合并省内外各司，将都水监并入工部。

百河待兴，没有一个专门的部门来经管此事，治水的事，还能不能受到陛下和朝廷的重视？郭守敬这个素来不关心官场的人，也不由得惆怅起来。

没过多久，郭守敬的职位果然有变，朝廷叫他去监修司天台的浑仪。背景是忽必烈要启动修历。

京城里传言，皇帝下决心修历，起因是在朔日见到新月。

蒙古族的风俗，敬天而畏鬼。至元十三年

（1276）春天，伯颜大军到了临安城外的皋亭山，南宋被迫投降。忽必烈终于从繁杂的军政事务中摆脱出来，轻松地舒了一口长气。五月之朔，他漫步后花园，正想约三五重臣饮酒为乐，蓦然抬头，却见一轮新月高悬在西边天幕，弯弯细细。

不是朔日么，怎见新月！忽必烈心中不由蹙起一个疙瘩。此事关乎天道，天道神秘而威严，纵贵为天子，岂敢有一丝一毫的不敬。太保刘秉忠在时说过，天生异兆而主凶。转眼间，他已经辞世两年。这一定是刘太保在天之灵的警示。

对这些传得有鼻子有眼的话，郭守敬一笑了之。在他看来，忽必烈决策绝不会如此简单。改朝换代，颁历改元，古来如此。可是，蒙古人开国以来，战事不断，根本没有精力顾及修历之事。蒙哥登统未颁新历，到忽必烈称汗，还是未行改历之事。

若说起来，忽必烈对天文历法，并非不挂心。中统元年（1260），设立了司天台官署。至元八年（1271），又设立回回司天台官署。至元十年（1273），回回、汉儿两个司天台，交秘书监统管，刘秉忠为建设新的皇家司天台选定风水宝地，还建起围墙，准备动工。可见，修历之事是逐渐提上日程，而非皇帝头脑发热拍脑袋而定的。

至元十三年（1276）六月，忽必烈以元初承用的《金大明历》有误差、与天象不符为由，命令太子赞善王恂和江南日官建太史局造新历，又让枢密副使张易负责监督管理。由此，中国历史上一项规模空前的天文历法工作拉开帷幕。

无论如何，举天之下盼望已久的修历，真的要开始了。郭守敬欢欣鼓舞，变动工作的烦恼暂时丢到脑后。

到司天台报到，迎接他的，居然是老同学王恂。原来，是王恂推荐他来监修浑仪。想起多年前一起在紫金书院读书的情谊，郭守敬不由心头一热。

故友相见，分外亲切，郭守敬却不知道该说些什么。他是个讷言之人，王恂比谁都了解。因此，稍作交谈，他便差人带守敬去查看那台宋皇祐年间（1049—1054）汴京所造的浑仪了。

掐指算来，这台浑仪已经两百多岁了。看上去威仪犹在，如同一个身经百战的老兵，正渴望再次披挂出征。守敬蹲下身子，一一检测它的多重环装结构，从地平环、子午环、外赤道环，到黄道环、白道环和内赤道环、极轴。他抚摸着一个个零件，满心里充溢着对前辈天文学家的崇敬之情。尽管从仪器安装在司天台，他已经多次前来参观研究，可这一次，意义却不相同。他感觉每一个铜质的环，都有生命，会呼吸，甚至在跟自己交谈。然而，它们真的太老了。他深深地摇头，在心里说着抱歉。

经过一两天审慎查验，他如实向王恂报告："浑仪修造于汴京（今河南开封市），与大都的天度（指周天三百六十五度）不符，比较测量南北二极，大约差四度；年深日久，八尺圭表已经倾斜，而一丈三尺长的圭石，表面也不平整了。"

王恂是个出类拔萃的数学天才，精于天文历算，但在天文仪象方面，始终不如郭守敬。听守敬这番报告，心里不由一惊。

"依学兄之见，这台浑仪还可以修好吗？"

"修自然可以。但完成修历大举，就要进行高标准、大范围的天象测验。这恐怕不是一台两百多岁老浑仪所能胜任的。在我看来，一方面要对现有的仪象进行维修，用于初期测验；另一方面，应马上着手制造一台更完美更简便的新浑仪，甚至包括一大批更应手的仪器。"

郭守敬直截了当的回答，让王恂陷入深思。举荐郭守敬来监修浑仪，只是因为赞赏他的巧思。他的到来，一定能够解决浑仪不能使用的棘手问题。至于是否要制造新浑仪和大批量天的仪器，是否需要守敬加入到修历的核心团队，他还没有来得及仔细考虑。

参与修历的核心人物，很快又增加了前中书左丞许衡。第二年春，许衡奉召来到大都。这位几度辞官的硕儒，是因精通历理而被王恂举荐出山的。张易设宴欢迎许衡。

许衡开腔便切入正题："冬至日各种数据的测

验，是历之根本。而求历之根本，关键是在于验气。""周天运行的轨道，如同圆环，从一点端点开始又回到这个端点结束。治历之人，必须以阴气下沉阳气上升的发端，作为立法之始。"

这一席话，郭守敬听着那么随和，亲切，入心。许衡老总结前人经验教训，抓住"验气"这一核心问题，来指导治历工作，令人信服。

轮到郭守敬敬酒，他趁机说："治历之根本在于测验，而测验首先要有趁手的仪表啊。"

郭守敬本来坐在末席。但他的话，马上引起许衡的赞许。

宴席结束，许衡等回到司天台，继续讨论仪器制作事宜。郭守敬爽性把自己的研究情况和下一步设想，和盘托出。

原来，这些年治水之余，他一直在琢磨用于观察天象的仪器模型——浑仪、景符、证理仪、浑天漏。仰观宇宙之变，是守敬半辈子的志趣。而窥测天机，必有仪器。他至今清晰记得，三岁时爷爷手把手教他使用自制的窥管。十多岁时，在邢州老家，根据古书上的一幅《尚书璇玑图》，他以竹篾扎制出一台仪器，放在后院土观星台用来观测。《尚书璇玑图》就是古代的浑仪图。

浑仪，是中国古代最早用于测量天体球面坐标的观测仪器，已历一千四百年。它的外观像个圆球，最基本构件是四游仪和赤道环。四游仪由窥管和一个双重的圆环组成，窥管则是一根中空的管子。守敬小时候仿制的竹篾浑仪，只能说像是那么回事。对于浑仪的研制，仅仅是一个小开始。

现在，郭守敬反复阅读了北宋沈括的《浑仪议》，并且得到金章宗四年一个叫做丑和尚的人向朝廷进呈的浑仪图样。对于古代浑仪因白道环的设置而遮掩黄道附近重要天区，以及口径过大的窥管照准不确定性等问题，他深有同感，下决心在沈括和丑和尚的研究基础上进行改革。

他正在研制一台一仪多用、既简便又准确的新浑仪，并且已经接近成功。

听了守敬这些宏大的计划，王恂不由热血沸腾。在座的人，也对这个平日里低调寡言的人，肃然起敬。

　　至元十六年（1279）二月忽必烈敕令太史局改太史院，授张文谦为昭文馆大学士、领太史院，总管修历之事。敕令说，"太子赞善王恂业精于算数，凡是日行快慢、月亮盈亏，五星（指水星、金星、火星、木星、土星）进退、隐现，早晨黄昏出现对应四季的星星，都由他推衍，升任迁太史令。都水监郭守敬颖悟天运之道，对于制作天文仪器有精妙研究，凡是仪象表漏制作，测验日时，跟踪日月星辰运行的度次，都由他负责，授予同知太史事之职。"阴差阳错，紫金书院一起研修的张文谦、张易、郭守敬、王恂再度走到一起。

　　由此，郭守敬正式进入修历的核心。

　　第二年二月，忽必烈赐给太史院白银一千零八十七两，用于建造司天台和制造仪器。这是元朝为修历拨付的第一笔大额度资金。

　　有朝廷这么大力度的支持，有一帮好朋友一起做事。郭守敬暗下决心，一定要修一部超越古人的好年历。

量天之尺

  谷雨时节，太阳一升起来便含着几分热辣辣的力道。这天，郭守敬选择了一块地势高朗、视野开阔、土壤干燥的地方，与太史局雇来的木匠一起，搭建木棚。他没有穿碍事的官袍，只着一身精干的短衣短裤，远远看起来和木匠没有什么分别。

  在随后一段时间，他将在这里进行圭表和浑仪的改进设计，同时指导司天台的人测量记录晷（guǐ）影。

  场地收拾停当，太史局派人运来大量的原木和光滑平展的石板条。郭守敬指挥着木工，先是从一大堆原木中挑选又直溜又结实的，锯成平直的长板。有八尺的，有十六尺的，有二十四尺的，还有四十尺的。接着，又增派石匠，对石板条进行裁切，标示精细的读数刻度。没多久，木棚旁边的空地上，就竖直地栽起一排木条，并在木板下顺正南正北方向平铺起石板。栽的木条越高，相应的石板也越长。

刚开始，木匠很不理解这神秘而繁琐的活计。

他忍不住问："那些木条和石板，跟裁衣服下布料用的尺子差不多，一对一对栽在这空旷的高地上，有什么用处呢？"

郭守敬很喜欢这个愿意动脑筋的人，就耐心回答："竖起的木条叫表，平铺的石板叫圭，用来测量太阳的影子。把每天正午时分太阳影子的长度测量准确，记录下来，推演冬至的准确时间，国家要有大用场。"

木匠又问："那您摆放在木棚几案上的那些铜圈圈又是干什么用的？"

郭守敬打量着他好奇的眼神儿，不由得乐了："呵呵，那些是浑仪的零件，用来在夜晚观测月亮和五星的位置。"

"大人，您又测量日头的影子，又观测月亮和五星。这不就是量天嘛！"

"量天！你说得有意思。咱们要改进的圭表和浑仪，就是量天的尺子。"不善言辞的郭守敬，也幽默起来。

这年，郭守敬已经四十六岁，在木匠眼里算得年高位重。他虽然想不明白测量太阳、月亮能有什么大用，但对眼前这个所有事情都亲力亲为的官老爷很是敬重。

在长期观测中，郭守敬始终苦恼着：传统圭表投射的日影，很难精确测量。表身若是较短，影子也显得短，量出来的影长，出入就较大；但表太高的话，表身不容易稳定，端部的影子也虚淡而模糊。这次，他要在多组圭表的对比研究中，解决这些历来许多人想解决但始终没有完美解决方案的问题。

至于浑仪，从一千多年前发明以来，从简单到复杂，包括窥管和内环——四游环，内环之外还有重重套叠的好几道外环，叫做六合仪，四游环和六合仪中间，还有几道环，称为三辰仪。这些环圈都有一两寸的宽度，人在窥管下观测时，时常发生要瞄准的星星被某道环挡住了，实在是不方便。

这次受命修历，郭守敬办的第一件大事，就是改进和创制天文仪器。为了节省时间，他干脆把用于研究的家当全搬进了工棚，书籍、工具、材料，左一摞，右一摊。有时候，许衡、王恂、张易过来看他，连个坐着说话的地方都没有。

在这个简单的棚子里，郭守敬重新研读了前辈天文学家沈括、苏颂、韩公廉关于圭表设计的文章。受他们的启发，他把表的根部深深栽进土里，又嵌入圭座，增加了它的稳定性，即使刮风，晃动幅度也很小。

有一天，忽然刮起大风。一根根木制的表，在风里轻轻摇晃。郭守敬站在一组圭表下出神，木匠也跟了过来。他是有名的巧匠，善于雕刻，总觉得木表光秃秃的不好看，就尝试着雕刻了两条龙。

"您看，给这表装饰两条小龙可好？"

"给表安上两条龙？"郭守敬接过木匠手中的

为了节省时间，郭守敬干脆把用于研究的家当全搬进了工棚，书籍、工具、材料，左一摞，右一摊。

龙，又精致，又巧妙，栩栩如生。这龙，让他忽然想起什么，拉着木匠就朝工棚走。

在木匠帮助下，郭守敬在表顶左右两边各装饰一条小木龙，两龙龙身下半贴在表侧，上半身则伸出表顶，各以龙爪抓住一根横梁，这就解决了影子长了会使影端虚淡的问题。为了让圭面和表的横梁保持水平状态，并便于校正，在圭面上凿刻两条平行水沟，与南北两端两个小圆池相通，表的横梁上也刻有一条水槽。

经过一次又一次改进，郭守敬终于发明四丈高表，并巧妙利用小孔成像原理，创制出配套的景符和窥几。这些，从设计、制作到投入使用，仅仅用了两个月的时间。利用这些新的测量仪器，他于至元十四年（1277）六月初五获得最早一个晷影长度。

浑仪的改造，则花费了比较多的时日，直到至元十六年（1279）才完成。郭守敬经过几十年研究，对浑仪上十几道环圈的性能已经十分熟悉。前辈研制者，一直在做"加法"，他却千方百计想做"减法"。最终，他做出一个大胆的决定，把层层叠套的环圈拆散，只留下赤道环和四游环两个基本的系统，并且各自设置，而把那些不必要的和作为支架涌动圆环统统舍弃了。

郭守敬自己并不知道，他制作的四丈圭表，标志着测影器具的历史性飞跃；他制造的窥几，使测量月亮和恒星在中天时"影长"的梦想得以实现；而他改革浑仪创制简仪，比欧洲人第谷发明的赤道测量装置早了三百多年。

他的发明，马上运用到由南北日官参与的晷影、日月、五星测量。测量时间正式开始于至元十四年（1277）六月，终于十七年（1280）正月，共计两年半。这些测量成果，为新历法的制定提供了第一手资料。

至元十六年（1279）春，郭守敬迎来修历工作中第一个丰收季。此时，距离张文谦进献宝山漏，整整过去十四个春秋。还是在偏殿，当众武士把十余件天文仪表的模型一一抬入殿堂，安放在早已准备好的几张巨型几案之上，忽必烈震惊了。

初始简仪、高表、景符、窥几、候极仪、浑天象、玲珑仪、仰仪、立运仪、证理仪、日月食仪、星晷定时仪，件件精妙绝伦。如果两军对垒，这就是诸葛亮的木牛流马，是穆桂英大破天门阵的降龙木。现在，它们是专门等待他来检阅的天降神兵。

忽必烈早年听刘秉忠讲过，在一千多年前就开启了浑仪观天的历史。但他还是难以想象，那至高无上、神秘莫测的太阳、月亮和五星，就凭着这些会旋转的球环，密密麻麻标着刻度的仪器，便可探知其间的奥秘。

就连许衡，也是头一次见到郭守敬创制的天文仪器模型集体亮相。他情不自禁以手加额，感慨道："天佑我大元！似郭公这样的人，这世上哪容易得来？呜呼！其可谓千古一人啊！"

忽必烈拍着郭守敬的肩膀，一遍一遍高声褒扬："郭爱卿，巧思绝人！"

应忽必烈和众人的要求，郭守敬一件一件讲解、演示这些在常人眼中永远精深莫测的仪器。从早晨一直到黄昏，大殿里极为安静，人们甚至忘记了吃饭、喝水。忽必烈从始至终精神十足。

郭守敬设计制作系列仪表的计划，得到朝廷全盘接受和全面支持。忽必烈还任命来自尼波罗国（今尼泊尔）的匠人、大司徒阿尼哥，主持郭守敬设计的诸天文仪器铸造，并且负责这些仪器的外观美化。

不久，太史院中新的司天台建起来。郭守敬离开工棚，搬入新的办公地点。告别那些初期实验用的圭表和各种废弃的零部件，他的心里还真有一点不舍。

四海测验

　　至元十六年（1279）春的那次召见，郭守敬和许衡、王恂等人向忽必烈提出了一项十分重要的建议：在全国设立观测点，展开"四海测验"。测验的主要项目，一是各地的北极出地高度（即地理纬度），二是夏至时晷影长度与昼夜时刻的长度。

　　十三件天文仪器模型讲解演示完毕，忽必烈意犹未尽。他是一位志向远大的皇帝，既然众臣说郭守敬已经创制出自古以来最精妙的仪象，那么大元朝编修的历法也应该前无古人。

　　许衡趁机奏道："凡修历，一为仪象，一为测验，二者缺一不可。老臣建议，赶快展开全国范围的测验。"

"郭公意下如何？"忽必烈的目光越过张文谦、张易和王恂，信任地看向郭守敬。此时，纯德实学的郭公，在他的心里已经是修历的大臣中不可或缺的人选，无可替代。

"四海测验，唐朝开元九年至十三年（721—725）就进行过一次。僧一行主持，从蔚州的州治横野军（今山西灵丘县东北）到南方的林邑（在今越南境内），设置了很多的观测点进行测影，仅书上有记载的就达十三处。现在的疆域，比唐代要大得多。如若不分派历官到各地进行实测，就不能清楚不同地方昼夜时间长短怎么不同，日月星辰在天球上所处位置的高下有何不同。"郭守敬顺着许衡的话，向忽必烈解释四海测验的意义。

几天之后，忽必烈命令郭守敬在全国访求精通天文历数者。为了编修授时历，一年之间，充实太史院的北日官，善书算、测验者就达三十人；同时，还有南日官若干。另外，又在全国范围内招收青年天文历法人才。

过了几天，忽必烈又下一道命令："派郭守敬主持四海测验，由上都、大都，经河南府（治所在今河南洛阳市）抵南海，测验晷影。"

四海测验，由忽必烈一锤定音，郭守敬又激动又欣喜。

经过仔细规划，郭守敬、许衡、王恂决定北至西伯利亚，南及南中国海，西抵川滇与河西走廊，东到朝鲜半岛，设立二十七个观测点，派十四个监候官负责，开始进行规模空前的监测。

至元十六年（1279）三月，郭守敬带着新收的学生齐履谦先到上都开平进行日影测验。开平位于蒙古高原的南端，冬长夏短。冬日白雪皑皑，天寒地冻。到了夏天则绿草茵茵，牛羊遍野，河流如织。每年暮春，忽必烈都要从大都启程返回这里避暑、办公。这是一个繁华的国际性都市。作为一国之都，开平的数据自是不可或缺，更不可有任何差池。

紧接着，他们赶至大都。随着忽必烈军队在长江以南的节节胜利，政治中心自然向这里偏移。坐拥中原和江南，使这座城市在风头上已经压过上都。大都的测量完成，歇马不歇人，郭守敬持皇帝敕令，即刻赶往河南府登封告成镇。驿站里的快马和差役，听凭他的调遣。地方长官，纷纷提供人员、食宿各种方便。

他一边亲自进行实测，一边指导着进行常设观测点的建设。在上都竖立起观测仪表，又在告成设计并建设了观星台。等他到达广州，准备乘船去南海测量时，已经是至元十七年（1280）的暮春。

这天，郭守敬站在船头，凝望着海天相接的远方，忽而生成的海风掀动他的衣衫，木船起伏颠簸，他也浑然不觉。此行的目的地，是林邑。船上同行的，还有他爱徒齐履谦。船底正在安睡着的几件宝贝，正方案、丸表、悬正仪、座正仪，则是他们的全部家当，为晷影测验所必须。

师徒二人，晓行夜宿，车马舟船，简单说，就是为了测定林邑小镇夏至日的晷影长度。

按计划，他和齐履谦必须赶在夏至日之前到达林邑。作为最南端一个测验点，他们将在那里展开北极出地高度（纬度）、昼夜时刻长度和夏至晷影长度的实地测验。

测验夏至晷影，时间不等人。错过了今年，就得等来年。而郭守敬深知，作为最南端的一个观测点，林邑的数据，在此次四海测验中，多么重要而珍贵。

敏行讷言的郭守敬，在天文方面是个有强大野心的人。以这次参与编修新历为契机，展开一次前无古人的量天测地工程，则属于其中之一。忽必烈帝国广袤的国土，考验新修历法的普遍适用性，不以实测为依据，怎能完成一本前无古人的好历法呢？他和王恂、许衡等一起精心挑选的观测点，每两个之间，纬度大约相差5度。这种合理而密集的安排，目的就是把各种差误降至最低。

"修历的根本在于测验"，"先是精密测验，接下来缜密计算推演"。在不同场合，郭守敬反复表达他的主张。这些主张，是他几十年实践的总结，也是从先人错杂纷纭的治历实践中，拨云见日，淬炼而成。

郭守敬从负责监修浑仪的简单角色开始，脱颖而出，成为当仁不让的技术核心人物，但他的内心丝毫没有骄傲。

仪象的改革和创制，在同一地区对日、月及五星的多数据持续监测，对二十七个测验点的同类数值测验。这三个方面的工作，在他手中如同编织一件衣服所同时使用的三股线团，而他就是那个巧思妙手的编织者。从测量仪器的修正和创制起步，每件事情推进的速度，相互依傍，又有先后、主次。从"一针"到"一行"、一个"编织片"，环环相扣，针针相连。

在他的躬身操作和总体指挥下，所有繁杂的事情，都变得那么明快而从容。

王恂和郭守敬从所有测验数据中选择最有价值的九十八组长度值，推算出庚辰（1280）冬至的准确时间为十一月癸丑日夜半后八十一刻半。差不多同一时间，郭守敬和南北日官还进行了关于冬至时太阳所在恒星间位置的测量，月亮在一个近月点中运动状况及其经过近地点时刻的测量，以及月亮正位在黄道上时刻的测量、关于二十八宿距离的测量，大都日出入与昼夜时刻的测量等。

此外，郭守敬还对五星运动的状况、全天恒星的位置进行了详细的测量。

不管身处塞北，还是江南，每当夜晚来临，星星点亮天幕，都是郭守敬最开心的时刻。星星或长或短的光波，或明或暗的表情，都是宇宙的语言，潜藏无数天道的秘密。他庆幸，他是一个破译秘密的人。

授时于民

　　至元十七年（1280）六月，新历初成。忽必烈随即召见张易、张文谦、许衡、杨恭懿（1279年应诏入太史院，参与修历）、王恂、郭守敬等人。

　　忽必烈对许衡、杨恭懿两位硕儒礼遇有加。刚一进殿，就赶忙赐座。他甚至亲自把两位老臣从跪拜的人众中搀扶起来，又让他们代表编修历法的众卿报奏。

　　先是许衡这样开场："臣等研究了上古以来的四十多家历书，而且勤勤恳恳地日夜测验，既参考前人，又创制新的方法，所以，得到的修历成果，不是至为精密，误差也已经降到最低。跟前辈历家相比，自谓无愧。"

接着，杨恭懿作补充说明。他进一步阐述了四年多来如何参与古制、如何创立新法，对郭守敬改进、发明的测验工具，简要阐明特色和优点。精妙的仪器，为好的数算推演方法打下个好基础。而修历者又以发展的眼光，推动历法精神承接古人、超越古人。他总结说，此次修历，可以上追黄帝以至三代，已经到了至高之境。

忽必烈一时高兴，让人取来美酒佳肴，与编修历法有功者连连碰杯。

"恳请陛下为新历命名。"王恂跪拜。

忽必烈抚了一下头顶的钹笠冠，朗声大笑："就叫它《授时历》。众爱卿以为如何？"

许衡等人赶忙跪谢。

杨恭懿道："授时者，语出《尧典》：尧命四子，敬授民时。四子，是传说中的羲叔、羲仲、和叔、和仲。尧命令他们掌管时令，制定历法，宣告给大家。尧是仁德贤明的上古之君。而今，陛下开四海太平，亦何等大仁大德！《授时历》，这个名字好。"

郭守敬对历书的命名也有研究，前朝历法，

有《三统历》《四分历》《乾象历》《三纪甲子历》《元嘉历》《大明历》《皇极历》《戊寅元历》《麟德历》《大衍历》《宣明历》《纪元历》等，名字得来，有的揭示天道运行规律，有的代表历法特点，多数为皇帝的年号。《授时历》的命名，显见是卓尔不凡。

不久，由太子师李谦拟《颁授时历诏》如是说："自古有国牧民之君，必以钦天授时为立治之本，皇帝以至三代，莫不皆然。"这句话，一方面是昭告天下，由天子决定编修历法，授时于民，自古如是；另一方面，说明治历的重要性，为"立治之本"。

及至郭守敬上奏，他只有简简单单一句话开场白："臣等私下里听闻，帝王的事情，没有比修历更重要的。"他是一个不会打官腔的人。他这句简洁的话语，貌似恭维，其实是发自内心的认知。自打从工部奉调到修历队伍中，他就是本着这样的认知，全身心投入工作。

这个新兴的王朝，一直欠着老百姓一个可以信赖和依凭的历法。无论是郭守敬、张文谦、张易、许衡、杨恭懿，还是雄心勃勃的忽必烈，全都心知肚明。如果从中统元年（1260）忽必烈登上汗位开始计算，修编历法的时间整整晚了十六年。

战争即将结束，和平的光亮漫向每一寸土地。不仅农人要依时而种、依时而收，分工越来越细致的五行八作，交通、驿馆，军队、朝廷，无不需要年月日以至更精准的时刻安排。

大殿之上，郭守敬这样对《授时历》的编修工作做了陈述："修历以来，一众人等以观测日月及五星运行规律作为修历之本，并且以发展的观点研究了一千八百多年间中国治历史，对十三家历法的优缺点一一做出评价，尊古而不泥古。在测验方面，继承发展了前代大多数历家所遵循的准则，不但重视当时实测的结果，也重视前人测验的记录，不迷信，不盲从。甚至对许多所谓的定论，采取了宁可怀疑的态度。比如，对于《春秋》所记三十七项日食记事中的若干项提出怀疑，自有历法以来，没有两个月接连日食的道理。关于从平朔到进朔、定朔法的发展，则提出'古人立法，简单而不缜密'等论述。"

这不是一次简单的编修历法，而是开创性的天文测验推演。忽必烈在听取总体情况汇报之后，又听取了郭守敬对四年多时间里"所正者凡七事，所创法者凡五事"的详细陈述。

郭守敬和王恂等人，大胆摒弃根深蒂固的上元积年法，实现采用实测历元法的历史性变革；对于天文数据的表达，则采用"秒而分，分而刻，刻而日，皆以百为率"的万分法，都由实测而得，并至小数点后四位，即0.0001日或0.0001度。而在天文历算中，采用了多样的数学方法，发明类似球面三角法的几何方法。

新历颁行的第一个立春日，朝廷举行迎春祭祀仪式。王恂担任主祭。上香，献供，读疏文。文武百官对句芒神行三拜九叩大礼，祈祷国泰民安，五谷丰登。大殿之前放一头巨大的泥制春牛，忽必烈亲自执鞭鞭打，并象征性扶犁而耕。

"国以民为本，民以衣食为本，衣食以农桑为本。"王恂浑厚的中音，在宏伟的宫殿之间久久回荡。

郭守敬的眼眶潮润了。作为一个农家子弟，土地和庄稼如同至亲的亲人。十四年治水、五年修历，他心中盼望的，就是战乱结束，农民回归村庄和土地，过上安稳的日子。此时，他有了一点小小的安慰，总算给老百姓办了一点事情，能给爷爷、给恩师一个交代了。

灵台坚守

　　郭守敬清楚地记得，至元十六年（1279）深秋，太史院主体建筑就快盖好了。一天，工程总负责人段贞邀请他和许衡、王恂查看施工情况。当看到四周院墙边栽种的玉兰树时，许衡很是欣喜。他赞叹说，当初刘太保真是有眼光啊，太史院的选址上乘，连庭树都事先栽种好了。等我们搬来这里办公，就可以春赏花，夏赏叶了。王恂也说，恩师一生喜爱玉兰。这玉兰树，树冠不大，不影响观天测影。但它花也繁，叶也茂，花杯还能入药，真是好树。

　　第二年，太史院盖好，《授时历》初成，衡公却告病回乡了。至元十八年（1281）春天，又是玉兰花开时，王恂和许衡相继病逝。

尤其是王恂，郭守敬最亲密的同学和合作伙伴，刚刚让贤将太史令一职给守敬，没过多久，就撒手人寰，享年虚岁四十七。他的早逝，损失无可估量。郭守敬陷入悲痛之中，肝肠寸断。

多少年来，郭守敬几度受到忽必烈召见，赏赐金银，荣耀加身。但骨子里，他依然把自己当作一个普通的研究历法的畴（chóu）人，一条钻研水利的"虫子"。

新历初成时，王恂和许衡对忽必烈言："陛下敬畏天时，为民修历，不能不至于精密，以为后世遵循。所以，必须坚持每年测验修正，积二三十年的时间来验证其中的推演方法。可让日官等人，祖祖辈辈守着他们的职业，永远不要改变。"《授时历》虽已颁行，但进一步测验、修正和完善，至少还要二三十年之功。

郭守敬必须把研究推演坚持下去，他没有退路。师友们四年五个月的心血，不能半途而废。只有把《授时历》的事业继续下去，才是对逝者最好的告慰。

也是至元十八年（1281），木兰花谢落的时节，郭守敬带着学生齐履谦再次南下河南登封。

登封县城东南二十五里的告成镇古观星台，是郭守敬的心中圣地。至元十六年（1279），赴南海林邑途中，他第一次来这里拜谒。

告成，即古嵩州阳城之墟。有一处石迹，传说是当年周公测影台。台高一丈二尺，周十六步，可容八席。《周礼》上说："大司徒用土圭（圭表）测量日影，以寻求地中，建立王国。冬至日正午日影有五寸的地方，就是地中。"唐开元年间在这里立圭表。宋代重建，增高七尺。

郭守敬提醒自己，让心沉静再沉静。他和齐履谦师徒二人，对周围山川形貌、河流走势一一访查，记录。在古台旁，他们点燃香烛，向先贤遗迹行叩拜大礼。

郭守敬已经上奏请忽必烈批准，在古台之北筑三十六尺的高台，树立仪表，还要在古台和新台之间建起周公庙，年年祭祀。铜质高表的设计图纸，他提前就交给了工部尚书那怀，高表的铜环以及各种装饰，也请大司徒阿尼哥进行了细致

告成镇古观星台，是郭守敬的心中圣地。……在古台旁，点燃香烛，向先贤
遗迹行叩拜大礼。

的指导。周公庙碑的碑文，就由河南宪史李用中执笔。

把尚不齐备、完善的天文仪象继续制作完成，开展必要的监测工作，是郭守敬继任太史令之后的首要任务。

在亲自督办告成镇的高表、庙宇之事的同时，他着手进一步改进简仪。

起初，为了制作方便，较快投入使用，以满足编修《授时历》的紧急需要，他指挥木工们制作了初始简仪、候极仪和立运仪。但他总感觉三件仪器分用，既占地方，又笨拙费力，于是琢磨着要造一台更先进的简仪。几经改进、试验，到至元二十六年（1289）三月，终于铸成一台郭守敬理想中的浑天仪。它是初始简仪、候极仪和立运仪的组合，也就是今天称之为"简仪"的天文仪器。

至元十九年（1282）二月，郭守敬奏请忽必烈批准，对太史院内的灵台进行修缮，同时请阿尼哥对已经制作完成的天文仪象再作修饰。

至元二十一年（1284）六月，郭守敬遣人分道寻访，测验晷影、日月交食、历法。

至元二十二年（1285）三月，又遣太史监候张公礼、彭质等往占城（位于中南半岛，在今越南境内）测候日晷。

独自执掌太史院的日子，郭守敬把自己变成了一个工作的陀螺，或者干脆就是一颗行星。以日月、五星测验，仪器创制和《授时历》后期理论总结、著述为中心，一天又一天旋转着。

至元十九年（1282）春天，郭守敬的学长张易因卷入阿合马一案，被诛杀于市。这一年腊月，南宋抗元名将文天祥在大都就义。

转年，张文谦在枢密副使职位上病逝。

王恂、许衡的辞世，给郭守敬的打击，更多出于对大德大才之人的疼惜，对天文事业的忧虑。而两位学长，特别是张文谦，如师如兄，举荐扶持，恩重如山，他们的相继离开，让郭守敬悲痛不已。

文天祥，与郭守敬是同龄人。一个生于南宋治下，一个生于蒙古国统治的地盘。两个人的人生道路，是那么的不同。他敬佩文将军舍生取义，为了心中的坚持宁折不弯，他憎恨南宋王朝的腐朽、软弱。可是，为元朝廷服务的人们，不也在为吏治中的种种专断、愚昧、内耗而无谓牺牲！

郭守敬经历着情感上的一次又一次强烈地震。他的世界里，久久缠绕的是呼啸的寒风和一层层谢落的玉兰花。

他的家就在京城，裹藏在闹市深处。但他很少回家了。那里太繁华，酒肆妓馆深夜的笙歌，让他不胜其扰。大都，已经是一个奢华的国际大都会。各种肤色、各种语言，在这里交融碰撞。旅行者、投机者、享乐者出没于烟花柳巷。

自从太史院的司天台——灵台修建完毕，郭守敬就把仪器制作、天文观测的场地改在这里。

他很喜欢这个既安静又做事方便的地方。

在灵台第一层朝南的中室，是太史院的官署。他的办公室，在最好的一个房间，旁边是同知院事、次金院事、主事、令译使、干事等，另有议事用的两间大房子。负责推算、测验、漏刻的三个部门，分布于东西两侧的朝室和夕室，后边的阴室，作为库房。灵台中层，是开展天文历法研究的场所，放置着若干天文仪器，用于测量和演示，还有天文图和历算书籍，按八卦命名，分别为离、巽、震、艮、坎、乾、兑、坤八室。台颠，也就是第三层，是灵台的顶部平台，为天文观测和历书编辑场所，设简、仰二仪，仰仪在南，简仪在北，正方案敷在简仪下。

　　素日里，办公室很难见到郭守敬的身影。他不是亲自外出监测，就是在二层或三层，与那些日官、灵台郎、监候官、挈壶正、司晨郎一起工作，讨论推算、监测中的各种问题。

　　入夜，多数人回城，只有监测、漏刻两个部门留下值班者，继续对星体和时刻的测验，整个太史院更加寂静。这时候，郭守敬多半会在灵台的顶层长时间地逗留。他运用简仪进行了全天星官赤道坐标的测量，测量数量远远超出二百八十三星座一千四百六十五颗恒星的传统星官系统，创下中国古代恒星位置测量的历史记录。

郭守敬在太史院的科学研究，像一条新拓出的小径，曲曲折折的，并不平坦，却散发着清新迷人的气息。

当郭守敬的研究一点一点向着科学的高处行进时，大都的占星术者也很是活跃。

大都占星之盛，与蒙古族的信仰有关。这个源于呼伦贝尔大草原深处的民族，信奉萨满教，迷信占星。随着大都地位的确立，民间占星者和预言家涌向这里。他们中有基督教徒、色目人和汉人，总数不下五千。其衣食由忽必烈的朝廷供给，生活无忧，可以全心研究法术。他们也有自己的观象仪，上面画有星宿的符号、时间及其全年的几个方位。这些人从星图和仪器的对照，发现天气的变化，预见每月的特殊现象。比如，某月将有雷鸣、地震；某月将有战争、冲突和阴谋。他们的预测结果，卖给那些想窥测未来的人。

所以，郭守敬对《授时历》的后续研究、总结著述，也是一场科学和巫术的赛跑。从至元十七年到二十七年十年间，他先后完成天文学系列论著不少于十四种一百零五卷，包括《推步》七卷、《立成》二卷、《历议拟稿》三卷、《上中下三历注式》十二卷、《时候笺注》二卷、《仪象法式》二卷、《二至晷影考》二十卷、《五星细行考》五十卷、《古今交食考》一卷、《新测无名诸星》一卷、《月离考》一卷等。

这些研究成果，均上表奏进，敕藏于翰林国史院。后损毁或丢失散于元末战争。但它们的影响是深远的，惠及日本、朝鲜、东南亚诸国及西亚，甚至欧洲。

通惠烟波

　　至元二十六年（1289），大运河山东段改造——济州河、会通河两大工程全部完工。郭守敬十四年前提出的"裁弯取直"设想，终于成为现实。但他却一点也高兴不起来。

　　要实现京杭大运河真正的南北贯通，还得拿下从通州到积水潭一段，它的直线距离只有五十里，却是根难啃的骨头。说白了，就是一个"水"字。大运河从南至北一路走来，不断汇入新的河流，不断设置闸堰，才保障了血脉贯通。通州至积水潭段，属于逆水行舟，更需要新的水源补给。没有水源做保证，人工凿开的渠，只能算是一条干沟。

郭守敬主动请缨，去为大运河找水！

至元二十八年（1291）春，当《授时历》编修工作走到一个完整的节点，他奏请朝廷同意，再次进行大都水系考察。

实际上，这些年郭守敬围绕大都水系建设，一直没有停下寻找城市水源的脚步。根据大都的地理形势，他的目光不断投向京郊的西北部，从玉泉山，到更远处的昌平、延庆。二十几年中，对玉泉山西北几十里范围内的地质、地形、地下水等水文资料已经全面掌握。当开凿京杭大运河最后五十里的设想浮出脑际，郭守敬同时想到的还有一个叫白浮村的地方。

这天，郭守敬再次来到这个位于昌平县的小村庄。在村口一棵高大的橡子树下，有位老人家正坐着编蝈蝈笼子。眼尖的郭守敬马上认出来，他就是几年前带自己找到神山泉的李老汉。

郭守敬治水、编历的故事，早在村里传开了，所以，再次见到这位神奇的"郭都水"，老汉分外高兴。"你是来看那眼神泉的吧？走走，我带你去。"说着，老汉帮郭守敬背上勘察测量用的工具包，拉着他的手就往山上走。

一会儿工夫，俩人就到了山路的拐弯处。在一块青黑的石板旁边，泉水哗哗喷涌，正是那个神泉。老汉说："这口泉太仁义了，长年水流不绝，又旺又甜，周围果木田园都靠它灌溉，好几个村子的人家也吃这里的水。就这样，还吃不尽，用不完。"

"记得你跟我说起，除了这神泉，附近还有很多小的泉眼。"郭守敬边测量、画图，边跟老汉聊着。

"对呀。你说大都缺水，这里的水可是多得很呐。"李老汉自告奋勇，要带着郭守敬去查勘更多的泉眼。

他们从白浮村盘桓而下，循着山麓往西南方向走，隔不太远，就又发现一眼泉。郭守敬一一记录下它们的名字和位置：王家山泉、虎眼泉、一亩泉、马眼泉、侯家庄石河泉、灌石村南泉、温汤龙泉、冷水泉。

"这片草木丰茂的山场，隐藏着如此众多的甘泉。"郭守敬甭提多高兴。这些泉，单独一个，

李老汉自告奋勇，带着郭守敬去查勘更多的泉眼。

不成气候。但它们有群山滋养，四季不断涌，平稳又丰沛。加以开流导引，聚小流成大水，必将非常可观。

找到水，郭守敬心里踏实了很多。

经过反复实地测量、计算，一个大胆的设想，在他头脑中形成——开凿白浮瓮山河；治理瓮山泊（今颐和园昆明湖前身），清淤，扩大湖面，在这里建造京师第一座水库。为迎接大运河进京，开发新水源！

"整体工程分为五个部分，十四个工区。第一部分，建设上游引水工程：白浮瓮山河；第二部分，扩建瓮山泊；第三部分，扩建积水潭为终点码头和泊船港；第四部分，积水潭至通州通航水道的疏浚以及闸坝、桥梁建设；第五部分，在通州城北修筑堰水小坝，使漕河改在城南张家湾与北运河相接，解决高差问题，实现漕运直航。"他兴奋地连夜起草设计方案，奏报朝廷。

郭守敬的奏折，正合忽必烈的心思。很快，他就批准了开凿通惠河的工程。

至元二十八年（1291）十二月，恢复都水监。

二十九年（1292）正月，"命太史令郭守敬兼领都水监事"。

八月，忽必烈敕令通惠河工程开工。

这天，忽必烈亲自主持开工仪式。皇城东墙外（今南河沿大街），锣鼓喧天，热闹非凡。

七十七岁的忽必烈，日日笙歌，豪饮暴食，已经肥胖到身体完全变形，出行必乘象辇。但他对京杭大运河的全线贯通，依然保持着极大的热情。为了早日看到江南的运粮船直接开到大都，他甚至命令最信任的禁卫军将领月赤察儿率领近两万人的部队参加会战。

效法汉武帝堵塞黄河瓠（hù）子决口的做法，忽必烈命令丞相以下的官员全部自带铁锹和盛土用的畚箕到现场助工，听从郭守敬的指挥。总指挥兼总工程师郭守敬，按照事先划定的十四段工程区域，分兵派将，井然有序。

吉时即至，锣鼓暂歇，礼炮冲天而起。在郭守敬等人的陪同下，忽必烈亲自铲下第一锹土。热烈的欢呼声响彻整个京师。

从白浮村到瓮山泊，有六十多里的路程。修山间人工渠，必然要与天然河道、山溪交叉。郭守敬反复勘测，这六十多里的人工渠，要十多次穿越温榆河上游各支系山溪，以汇其流。合理建造与山溪交叉的"水口"，攸关工程成败。

"水口"怎么修？里边学问可不小。守敬任都水少监之时，参与过"疏双塔漕渠"。那条运河，从通州沿温榆河北上至双塔河，以山溪为水源，因而修建了若干"水口"。但工程显然做得简单了。平素风清日朗，溪水沿着山石皱褶涓涓而来，入漕渠"水口"，驯顺而平妥。一次，都水监的人按中书省指示去考察时，正赶上一场暴雨，由于山雨汇入，原本安静的溪水瞬间形成一股强大的势力，裹挟杂树、矮草、石块、泥沙呼啸而下，冲入漕渠"水口"，随时要撞开对面的堤岸。一旦溃堤毁岸，后果无法估量。那一次的工程，给郭守敬留下非常深刻的记忆。无论开哪种"水口"，用得好是利，一旦驾驭不住就是祸害。

这一次，按照郭守敬的施工图，要在白浮村和瓮山泊之间，创造性地实现山渠和溪流的十二次交叉。他总结西夏治水、疏双塔漕渠以及开卢沟金口河的经验，设计所有交叉处，一律建"清水口"，修"自溃坝"。

这是一项高难度的任务。守敬找来同事高源和怯薛军的将军月赤察儿，又从分工白浮瓮山河开凿的四支工程分队里抽调最精干的工匠十二人、水工十六人、军士八十人、山民二十人，先在王家山泉进行试验性施工。在郭守敬指挥下，先在山溪入口修起较低的河堤，以保证溪水可以直接入渠。接着，修建溪水入口对面即下游方向的河堤。

这是一件最要劲儿的活计：把荆笆装上石块儿推入溪流，确保荆笆整齐排布，对接缝隙控制到最小，堆砌为一段荆笆装石的堤坝，与两侧的实体河堤紧密接合。守敬事先已经安排山民采伐了很多荆条，编织成大小不等的荆笆笼。石头是现成的，在工程正式开始前已经进场。现场施工，并不费时，却丝毫不可马虎。郭守敬亲自在现场指导，给工匠们讲解 "自溃坝"的施工原理：当山洪来临，洪水会将荆笆装石笼修筑的堤岸冲毁，形成缺口，顺原河床迅速排泄到下游。山洪停歇，用不了多少人工，即可将堤岸修复，漕渠恢复正常通水。这样的"水口"施工技术，在导清水入渠时非常平稳，一旦洪水来临即自行破坏，形成泄洪通路，被民间称为"清水口"。

第一个"清水口"，是试验，也是培训。月赤察儿和高源迅速安排参加第一个"清水口"建设的人员回到各自工区，保证了所有"清水口"关键环节的质量和效率。

郭都水的巧思和缜密，让所有工匠和军官赞叹不已。

大都城区至通州的地形坡度很陡，为了控制水流，以实现逆水行舟，郭守敬在全程设计了二十四座闸，每一座闸旁，同时修造一座桥，以便人员车辆往来通行。每置一闸，守敬都要多次到现场指导施工，根据不同施工环境，把技术方案调整到最简便，最有效。

至元三十年（1293）七月，通惠河全线通水，京杭大运河全线贯通！

从白浮山泉引水堰开始，至通州张家湾与北运河相接，全程七十七点七四公里。总用工二百八十五万、用钞一百五十二万锭、用粮三万八千七百石；修建闸坝堤岸消耗木材十六万三千八百章（根），铜铁二十万斤，白灰、桐油、麻、木柴若干。

令人惊叹的是，如此浩大而艰巨的工程，施工时间仅有十一个月。

当全线贯通的捷报传至上都开平，忽必烈当即为之赐名"通惠河"。九月，忽必烈的巡幸队伍铜锣伞盖、浩浩荡荡开进大都，只见终点码头积水潭上舳舻蔽水，岸边亭阁相接，杨柳成荫，好一派江南水景。

这次，忽必烈大帝带来了一位特殊的官员——来自威尼斯的马可·波罗。在元朝，中央高官本来就是一个多民族的集群，高鼻深目者并不鲜见。但年轻英俊的欧洲小伙儿马可·波罗，还得算是个异数。这个活泼的青年，一见到积水潭浩阔的水面，马上抖了一个小激灵，让侍卫在水边给老皇帝的象辇洗澡。

大象一见到清凌凌的潭水，马上把鼻子扎进去。过了一会儿，它猛地扬起鼻孔，玩起喷水游戏。忽必烈开心异常，当即决定，开辟一个区域，作为大象的浴场。

后来，马可·波罗回到他的国家，口述东方见闻，后来成了一部名著，也就是《马可·波罗游记》。

那天，忽必烈下达嘉奖令，封赏郭守敬及有关人员。这当中，当然少不了他最欣赏的大将月赤察儿。他专门为马可·波罗专门介绍了这员忠诚的将领："这条渠，若不是月赤察儿亲自带领队伍参加施工，建不成这么快啊。"

对于忽必烈此言，郭守敬亦深以为然。在一次又一次组织指挥大型水利工程中，郭守敬越来越深地体会到团结和合作的力量。

守敬老了。像一穗成熟的谷穗，愈加沉实、宽和而低调。

归去来兮

　　郭守敬之于他治理或开凿的每一处河流，都不曾有过像同时代欧洲旅行家马可·波罗那般出于观光享受目的的游历。对他而言，持续的研究和尽己所能加以利用和保护，就是全部。

　　至元三十一年（1294），六十三岁的郭守敬拜昭文馆大学士、知太史院，兼管水利、天文两方面的工作。其实，元朝并无昭文馆，昭文馆大学士只是一个虚衔，德高望重的元老重臣，都得到过如此殊荣。

　　郭守敬的"地盘"，只在水利和天文。

　　元大都都水监，设在积水潭东岸，西北两面邻水。厅堂三间，名善利堂，东西两屋是官吏们办公的地方。厅堂之后，引来积水潭的水，种植荷花和红菱。夏春之交，天清气朗，闲来开窗远望，水光千顷，西山碧透。

这是郭守敬晚年办公地之一。这里的房屋设计、庭院布置，都是郭守敬的心血所成。后堂大沼的荷菱，也是这位水利官四处考察时带回来的好品种。

在郭守敬拜昭文馆大学士的这年正月，忽必烈驾崩，成宗铁穆耳继位。此后，他经历了成宗、武宗、仁宗三朝皇帝。从成宗元贞元年（1295）至仁宗延祐七年（1320），是元代最为安定、兴盛的时期，郭守敬的人生也进入最为冲淡平和的岁月。

这个从来不放纵时间的人，依然让工作把每一个日子填得饱满而瓷实。大德二年（1298），他主持修治通惠河口至天津的运河堤岸，完成灵台水运浑天漏的研究制造；大德三年（1299），疏浚坝河，展宽河道，以增加漕运量；大德六年（1302），修复坝河被洪水冲毁的六座坝；至大四年（1311），通惠河上所建木闸陆续改为石闸。

这期间，郭守敬操心最多的，是大都漕运管理和漕河维护。

通惠河自通州至大都，载重的船只一路逆水行舟，每前行一寸都需要拉纤的外力支持。通惠河纤夫，有来自大都郊区的农人，也有沿着运河一路北上讨生活的世代拉纤人家。除了人拉纤，还有驴子拉纤。一时间，通惠河两岸盖起很多临时的房子，阻碍了拉纤通行。

郭守敬沿河巡查，看到纤夫们拉着纤绳负力而行，却只有窄窄的路，刚刚能容得下一只脚，既不方便使劲，还非常危险，就下令清理违法建筑。他说："凡是房屋占用岸道，妨碍牵舟者通过，必须拆毁。"

按照城市节水行船的设计理念，大都坝河、通惠河的平均宽只有八丈二尺左右，闸口的宽度只有两丈，因此漕船尺寸有明确限定，即八尺五寸宽、六丈长，只许一百五十料（一料，即一石，容重六十斤）。郭守敬规定："违反者追究其罪责，没收其船只。"

朝廷特命都水监郭守敬"兼提调通惠河漕运事"。为了漕运秩序和运输安全，从不与人计较的"郭都水"，主持制定了十分严苛的制度。后来，朝廷设立"通惠河运粮千户所"，专管漕运，并派军队沿河巡视，沿用了都水监的规定。

渐入老境的郭守敬，头脑非常清醒，乐于制作和改进各种计时机械，并且坚持着一贯的科学精神。

至元二年（1265），他主持在卢沟开金口河，是为了把西山大量的料石和木材运抵京师，进行老城重修和新城建设而走的一招险棋。三十年之后，这条运河已经完成了它的历史使命。

大德二年（1298），卢沟洪水泛滥，为害百姓。郭守敬得到急报，立即和大都路商量，果断关闭金口闸闸板。大德五年（1301），卢沟再次大水，郭守敬派人将金口以上河身全部用砂石杂土封闭。大德六年（1302）四月，又主持修造卢沟上流石径山堤，彻底将金口封堵。

封堵金口一事，难免在官场内外引来闲话。

"什么纯德实学，看似木讷，其实巧言令色，欺瞒朝廷。"

"揣度圣意而已。"

不中听的话传到郭守敬耳中，他只是一笑了之。

也是大德二年（1298），成宗铁穆耳在上都审定防洪方案。有一封奏折，提议在上都西北的铁幡竿岭下修建一条泄洪渠，往南通往滦河。举棋不定间，他想到郭守敬，马上宣召这位六十七岁的老臣。

郭守敬一到开平，先到铁幡竿岭一带实地勘察，并仔细阅读了往年山洪资料的卷宗，才去面见皇帝。

他说："依老臣分析，这里的山溪平时流量不大，但每遇山洪爆发，溪水暴涨，凶猛异常，因此，修泄洪渠，设计时要充分留出余地，加大排洪渠道的宽度和大堤的厚度。渠宽至少要达到五十步至七十步（约八十至一百一十五米），否则十分危险。"

办事官以为郭守敬这个老头儿夸大其词，在

皇帝面前卖弄本事。实际修渠时，自作主张把按郭守敬建议设计的渠道宽度缩减了三分之一。

第二年七月，突如其来的大雨袭击了上都。铁幡竿岭的洪水抢夺了山溪的路径，嚎叫着冲进狭窄的泄洪渠，堤防瞬间四处溃败，洪水冲走附近村庄的百姓、牲畜和房屋。铁穆耳正与一群蒙古族臣子在山中打猎，奔突的洪水险些冲毁他的行帐。

负责修建铁幡竿岭泄洪渠的办事官也在打猎的队伍之间。眼见闯下大祸，主动请求皇帝治罪。铁穆耳是个宽厚之人，见跪在自己面前的办事官已经体如筛糠，他只是轻轻地叹息道："郭太史真是料事如神啊！只可惜，你不听他的话！"

大德七年（1303），铁穆耳帝根据中书省上奏决定：年满七十岁的三品以下官员，各升一级之后办理退休手续。

这些日子，郭守敬正研制一台小巧精致的报时仪。一个月里，他大约有十天时间到太史院去。太史院离郭府很远，他可以坐轿子或者骑马，但轿子和马，他都不习惯。跟年轻时一样，他爱骑驴。每隔一段时间，星历生们就会在太史院大门口看到一头毛色黑亮的小毛驴，哒哒哒哒驮着一位须发灰白的老者出现。

灵台二层有郭守敬固定的房间，几个年轻的学子给他当助手，他们都是齐履谦的学生。退休政策下来，他当即在工作台边起草了一个折子，请求今上批准他退休。折子写完，派人送走，他继续安心打磨仪器上的一个小零件，仿佛什么都没有发生。

过了几天，折子批复：郭公，是元老重臣，贡献卓著，不批准退休。

消息一传出，满朝文武百官，一片哗然。太史院的年轻人，一路小跑着来向师祖贺喜。郭守敬正在安心打磨仪器上的另外一个小零件，他抬起眼睛，看看年轻人脸上充满朝气的笑容，又慢慢低下头，进入他自己的世界。

延祐三年（1316），一代天文、水利巨匠郭守敬与世长辞，终年八十五岁。从二十岁巧修

郭守敬正在安心打磨仪器上的一个小零件，看看年轻人脸上充满朝气的笑容，又慢慢低下头，进入他自己的世界。

邢州石桥算起，他为国家、为百姓工作了六十五年。

在家人和学生陪伴下，一辆朴素的灵车载着郭守敬的遗体回归邢台故里。郭村的土地，再次拥抱了她这个杰出的儿子。

郭守敬
生平简表

● ◎金哀宗正大八年（1231）

郭守敬出生。祖父郭荣，父母不详。

● ◎元宪宗蒙哥元年（1251）

成功修复邢州城北石桥，初显水利才能。

● ◎元世祖中统三年（1262）

北上上都开平，提出六项水利工程建议。忽必烈授其"提举
诸路河渠"之职。

● ◎中统四年（1263）

___

任副河渠使。

● ◎元世祖中统五年、至元元年（1264）

___

疏浚西夏古代引黄灌渠。当地民众为其立生祠。

● ◎至元二年（1265）

___

升为都水少监。请求重开金口河，引永定河水通漕，得到朝廷批准。

● ◎至元八年（1271）

___

升任都水监。

● ◎至元十一年（1274）

___

修建金水河，引玉泉水专供皇城使用。

● ◎ 至元十三年（1276）

都水监并入工部，任工部郎中。参与修历，主要负责天文仪器制造和天文测量。

● ◎ 至元十六年（1279）

朝廷改太史局为太史院，郭守敬为同知太史院事。

朝廷敕令郭守敬进行四海晷影测量。

上奏各种天文仪器样式，为忽必烈详细讲解其功能。

● ◎ 至元十七年（1280）

新历告成，忽必烈赐名《授时历》。

● ◎ 至元二十三年（1286）

继任太史令。完成新历研究整理工作。

● ◎ 至元二十四年至二十六年（1287—1289）

与都水监马之贞一起，负责山东运河建设工程。工程为时两年多，朝廷赐名会通河。

● ◎ 至元二十八年（1291）

考察永定河水利。引白浮泉水，开凿通惠河。

● ◎ 至元二十九年（1292）

朝廷命太史令郭守敬兼领都水监事。从通州至皇都的新漕河开工。

● ◎ 至元三十年（1293）

新开漕河完工，忽必烈赐名通惠河。漕船驶入积水潭，京杭大运河全线贯通。

● ◎ 至元三十一年（1294）

拜昭文馆大学士，兼管水利、天文工作。

● ◎ 元成宗大德二年（1298）

应诏到上都考察即将修建的铁幡竿渠，并提出坚固堤防、加宽渠道忠告。关闭金口河下闭闸板，停止引水。

●◎大德七年（1303）

根据朝廷诏令，郭守敬提出退休申请。成宗以其成绩卓著，单独不予批准。

●◎元武宗至大四年（1311）

倡议改建通惠河坝木闸为石闸。

●◎元仁宗延祐三年（1316）

郭守敬去世。葬于邢台县西三十里的郭村。